汽车文化

主　编　任　超　杨　忠
副主编　胡　滨　刘　海

北京理工大学出版社
BEIJING INSTITUTE OF TECHNOLOGY PRESS

内 容 简 介

本书从汽车文化各方面分别介绍汽车的起源与发展、汽车的基础知识、汽车总体构造、著名汽车公司与名车、汽车人物、时尚汽车、汽车的未来等课题，每个课题包括课前摘要、任务、课题小结、思考与练习等内容。

本书讲述汽车一百多年发展过程中的逸闻趣事、深入浅出地解释汽车的基本性能，剖析与人们生活息息相关的汽车与社会的关系，展望汽车的未来。

本书适合作为职业院校汽车专业教材，也可作为汽车售后服务站专业技术人员的培训教材。

图书在版编目（CIP）数据

汽车文化 / 任超，杨忠主编 .—北京：北京理工大学出版社，2016.8

ISBN 978-7-5682-2634-9

Ⅰ.①汽…　Ⅱ.①任…②杨…　Ⅲ.①汽车 - 文化　Ⅳ.①U46-05

中国版本图书馆 CIP 数据核字（2016）第 160131 号

出版发行 / 北京理工大学出版社有限责任公司
社　　址 / 北京市海淀区中关村南大街 5 号
邮　　编 / 100081
电　　话 /（010）68914775（总编室）
　　　　　82562903（教材售后服务热线）
　　　　　68948351（其他图书服务热线）
网　　址 / http：//www.bitpress.com.cn
经　　销 / 全国各地新华书店
印　　刷 / 北京佳创奇点彩色印刷有限公司
开　　本 / 787 毫米 ×1092 毫米　1/16
印　　张 / 13.5
字　　数 / 310 千字
版　　次 / 2016 年 8 月第 1 版　2016 年 8 月第 1 次印刷
定　　价 / 38.00 元

责任编辑 / 刘永兵
文案编辑 / 刘永兵
责任校对 / 周瑞红
责任印制 / 边心超

前言 preface

2013年我国汽车产销量双双突破2 100万辆，这是我国连续5年成为全球最大的车市。在这种形式下，汽车维修、售后服务以及汽车销售人才所存在的缺口问题越来越严重。特别是建立在先进传感技术基础上的故障诊断系统在各种汽车上大量应用之后，各种现代化检测诊断仪器和维修技术也应运而生，现代汽车已发展成为机电一体化的高科技载体。这给汽车维修业带来了极大的机遇和挑战，同时也对汽车维修人员的技术水平提出了更高、更新的要求。

同时，为了解决学生学不懂、学习兴趣不浓、教材内容枯燥乏味，老师不好教等问题，北京理工大学出版社特邀请一批知名行业专家、学者以及一线骨干老师结合新的专业教学标准，规划出版了该套图解版汽车职业教育系列教材。

本系列教材坚持如下定位：

★ 以就业为导向，培养学生的实际运用能力，以达到学以致用的目的；

★ 以科学性、实用性、通用性为原则，以使教材符合职业教育汽车类课程体系设置；

★ 以提高学生综合素质为基础，充分考虑对学生个人能力的提高；

★ 以内容为核心，注重形式的灵活性，以便于学生易于接受。

本系列坚持理论知识图解化的基本理念，教材配有大量的插图、表格和立体化教学资源，介绍了大量的故障诊断、维修服务和营销案例。

★ 在内容上强调面向应用、任务驱动、精选案例、严控质量；

★ 在风格上力求文字简练、脉络清晰、图表明快、版式新颖；

★ 在理论阐述上，遵循“必需”、“够用”的原则，在保证知识体系相对完整的同时，做到知识讲解实用、简洁和生动。

汽车的诞生和发展，是人类智慧的结晶，是工业文明的产物，是社会进步的标志。汽车在其一百多年的历史发展进程中，为人类创造和积累了丰富的物质财富和精神财富，构成了自身的汽车文化。汽车文化涵盖了技术文化、色彩文化、造型文化、历史文化、车标文化、名人名车文化和赛车文化等内容。

“汽车文化”课程，旨在提高学生对汽车的兴趣，开阔视野，丰富汽车知识，为学生学习汽车基础知识，感受并弘扬汽车文化提供了很好的平台，诠释了汽车是人类生活密不可分的伙伴，体现了“汽车改变世界”和“世界改变汽车”的文化内涵。

本书在搜集、总结大量有关汽车及汽车工业发展相关资料的基础上，系统地介绍了汽车的起源与发展、汽车的基础知识、汽车总体构造、著名汽车公司与名车、汽车人物、时尚汽车、汽车的未来等课题，每个课题包括课前摘要、任务、课题小结、思考与练习等内容。

本书适合作为职业院校汽车专业教材，也可作为汽车售后服务站专业技术人员的培训教材。

由于作者水平有限，书中可能会有疏漏和不妥之处，欢迎读者批评指正。

编　者

目录 CONTENTS

课题一

汽车的起源与发展

[课前摘要]

学习课题	汽车的起源与发展	班级		日期	
学习目标	完成本课题学习后，你应能： 1. 简单陈述汽车的起源。 2. 了解内燃机及汽车的发明过程。 3. 知道世界汽车的发展史。 4. 了解我国汽车的发展历程。				
参考资料	教学资源　图书　网络资源				
课题任务	学前预习				
	1. 汽车的起源	1. 设想时期的人力车、畜力车是如何向自走式车辆转变的？ 2. 探索时期的蒸汽机、内燃机是如何诞生的？ 3. 第一辆蒸汽汽车是怎么样发明的？ 4. 四轮汽车的诞生经历了怎样的过程？			
	2. 汽车的发展	1. 汽车史上的三次大变革都经历了什么？对推动汽车的发展有何意义？ 2. 各国的汽车工业是在何种情况下诞生的？其发展如何？ 3. 我国的汽车工业之路经历了怎样的过程？			
备注					

任务一 汽车的起源

汽车作为现代高速行走机械，其起源、发展和完善经历了一个漫长的过程。下面，就让我们遵循历史的足迹走进汽车的世界吧。

一、古代的车辆

提到汽车的发展，追溯其渊源，可以从原始社会讲起。在那时，人们的生产运输都是靠肩扛手提，后来在实践中发现，将圆木置于重物下拖着走，可以轻松地将重物由一个地方移到另一个地方，这便是早期的木轮运输。后来人们发现用直径大的木轮运输速度较快，于是木轮直径越来越大，逐渐演变为带轴的轮子，这就是最早的车轮雏形。

人类历史上的第一辆车是中华民族的祖先发明的。据史料记载，在公元前 2 000 多年的大禹时代，有一个叫奚仲的人，他发明的车由两个车轮架起车轴，车轴固定在带辕的车架上，车架附有车厢，用来盛放货物。这就是世界上的第一辆车。

最初的车辆是由人力来推动的，称为人力车。后来人们开始用牛、马拉车，称为畜力车。据传说，畜力车是商汤的先祖相土和王亥共同发明的。

在历代车辆发展过程中，有重要技术价值的还要数指南车和记里鼓车。

在三国时期，有一位叫马钧的技术高明的大技师，他发明了指南车（图 1-1）。指南车是一种双轮独辕车，车上立一个木人伸臂南指。只要一开始行车，不论向东或向西转弯，木人的手臂始终指向南方。

图 1-1 指南车

记里鼓车（图 1-2）是早在公元 3 世纪时中国最先发明的记录里程的仪器，可惜最初的结构已失传，到宋代才由燕肃重新制造成功。

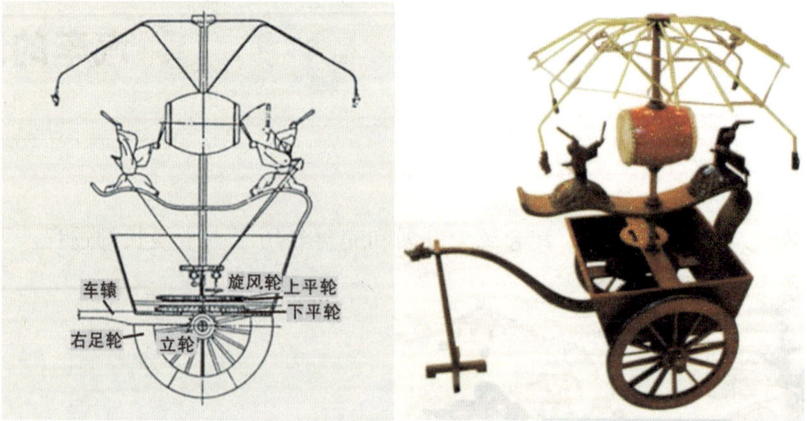

图 1-2 记里鼓车

指南车和记里鼓车都是利用齿轮传动原理来进行工作的。它的出现，表明1 700多年前我国车辆制造技术已达到相当高的水平，是我国古代技术的卓越成就。

一直以来，车辆都是由人力或畜力驱动，能不能发明一种机器来代替呢？也就是能不能发明一种自走式车辆呢？

带着这个问题，人类开始了不断的探索与研究。1420年，有人制造出了一种滑轮车（图1–3），人坐在车内，借用人力使绳子不停地转动滑轮。车虽然走了起来，但由于人力有限，这辆车的速度比步行还要慢。

后来，大画家达·芬奇设想了一种车，利用发条机构使一个带齿的圆盘进行水平旋转，旋转的力通过带有齿轮的车轴和车轮连接起来，车就可以前进了。但他仅仅提出了设想，并没有进行实际的研究。

1649年，德国一个钟表匠汉斯·郝丘制造了一台发条式的汽车（图1–4）。但是这台发条车的速度不到1.6km/h，而且每前进230m，就必须把钢制发条卷紧一次，这个工作的强度太大了，所以发条车也没有能够得到发展。

图1–3 滑轮车

图1–4 发条车

到了17世纪末期，利用火药爆发力、蒸汽压力、活塞运动机构等技术和发明纷纷出现，终于导致1705年纽可门（Thomas Newcomen）的活塞往复运动压板式蒸汽机作为扬水泵而付诸实用。接着，在1759—1769年，瓦特（James Watt）进一步改良了蒸汽机，将利用蒸汽冷凝产生真空从而产生动力的方式改为直接利用蒸汽压力的方式，制成了以曲轴变往复运动为回转运动的人类最初的通用动力机械，使蒸汽机进入了实用时期，同时也加速了依靠自身的动力驱动车轮回转的车辆诞生前的胎动。

蒸汽汽车是在18世纪后半期开始进入实用阶段的。到了19世纪末期已有了制作得非常精巧的汽车问世。可以说这些技术是产生今天以内燃机为动力的现代汽车的母体。从这个意义上讲，不断发展并一直延续至今的汽车的历史是与蒸汽汽车的历史密切相联的。

二、蒸汽机与内燃机的诞生

1774年英国人瓦特（图1–5）研制成功世界上第一台动力机械——蒸汽机（图1–6），这一成果为实用汽车的发明创造了必要的条件。

图1–5 詹姆斯·瓦特

蒸汽机曾推动了机械工业甚至社会的发展，并为汽轮机和内燃机的发展奠定了基础。

1860年，比利时出生的法国发明家勒努瓦（Lenoir）（图1–7）模仿蒸汽机的结构，设计制造出第一台实用的煤气机。这是一种无压缩、电点火、使用照明煤气的内燃机，这台煤气机的热效率为4%左右。

图1–6 瓦特发明的高效率蒸汽机

图1–7 法国发明家勒努瓦

1876年，德国发明家尼古拉·奥托（图1–8）依据四冲程工作原理，首创四冲程活塞循环，设计并制造出较为经济的四冲程往复式活塞内燃机（图1–9），仍以煤气为燃料，采用火焰点火。在当时，无论是功率还是热效率，都是最高的。它与现代内燃机的原理很接近，是第一台能代替蒸汽机的实用内燃机。

图1–8 尼古拉·奥托

图1–9 尼古拉·奥托发明的四冲程往复式活塞内燃机

1883年8月15日，戴姆勒和迈巴赫在尼古拉·奥托四冲程发动机的基础上，通过改进开发出了第一台卧式汽油机（图1–10）。后来他们还制成了世界上第一台轻便小巧的化油器式电点火的小型汽油机，转速达到了当时创纪录的750r/min。这也是世界上第一台立式发动机（图1–11），取名为“立钟”。他们在1885年4月3日取得德国专利。

1897年，德国工程师鲁道夫·狄塞尔（图1–12）摘取了柴油机发明者的桂冠。狄塞尔是冒着生命危险历经20多年，终于在一片指责声中将柴油机从设想变成了现实。

图 1-10 第一台卧式汽油机

图 1-11 第一台立式发动机

1892 年，狄塞尔经过多年研究，提出了压燃式柴油机的理论；1893 年，制造出第一台样机（图 1-13）；1894 年 2 月 7 日，第二台试验样机运转了 1min，转了 88 圈。狄塞尔在日记中这样写道：第一台不工作，第二台工作不好，第三台会好的。1897 年，第三台试验样机试验成功，狄塞尔发动机被正式承认并公布。

柴油机是动力工程方面的又一项伟大的发明，它比汽油机油耗低，是汽车又一颗性能良好的心脏。后人为了纪念狄塞尔，把柴油机称作狄塞尔发动机，英文名为“Diesel”。

图 1-12 鲁道夫 · 迪塞尔

图 1-13 压缩式柴油机

三、汽车的发明

1. 蒸汽汽车

1769 年，法国的陆军技术军官尼古拉斯 · 古诺（图 1-14）将一台简陋的蒸汽机装在一辆木制的三轮车上，前面支撑着一个大锅炉，后面是两个汽缸，锅炉产生的蒸汽送进汽缸，推动着装在里面的活塞上下运动，再通过曲柄把活塞的运动传给装在车框架下面的前轮，操纵前轮转动前进。古诺准备用它来牵引大炮。

图 1–14 尼古拉斯・古诺

不过它的速度仅为 3.5 ~ 3.9km/h，每前进 12 ~ 15min 就需停车加热 15min，遗憾的是该车在后来的试车途中撞到墙上而损坏。

蒸汽机汽车（图 1–15）虽然存在着速度慢、体积大、污染严重等不足，但它在汽车发展史上占有重要一页，为现代汽车的发明奠定了基础。

图 1–15 尼古拉斯・古诺研制的蒸汽机汽车

2. 第一辆三轮车

“汽车之父”卡尔・本茨（Karl Benz，1844—1929）（图 1–16）是现代汽车工业的先驱者之一，1844 年出生在德国卡尔斯鲁厄市。父亲是一位火车司机，在小卡尔出生前不幸死于事故。本茨从小就表现出过人的动手能力，1866 年他从卡尔斯鲁厄综合科技学校毕业，开始了自己的创业生涯。最初卡尔・本茨一直在德国的曼海姆经营气体发动机生意。1879 年的最后一天晚餐后，他在多次实验失败的基础上，再次进行火花塞点火式单缸卧式汽车发动机的实验，终于在新年的钟声敲响之前，听到了发动机发出的“啪啪啪”的响声，他预言：“那声音不仅是迎接新年，也象征着一个新世纪的开始，世人从此会有一种新的心跳了。”

图 1–16 卡尔・本茨

1883 年，卡尔・本茨创建了“奔驰公司和莱茵煤气发动机厂”。1886 年，他又将煤气发动机改进为汽油发动机，并将其安装在一辆三轮车上，世界上第一辆汽车，即公认的世界上第一辆三轮汽车“奔驰一号”诞生了（图 1–17）。

卡尔・本茨于 1886 年 1 月 29 日向德国皇家专利局申请他发明的汽车专利，同年 11 月 2 日获得批准，专利号为 37435，汽车得到了第一张官方出生证明（图 1–18），即公认的世界上第一张汽车专利证。

图 1–17 “奔驰一号”汽车

1888 年 8 月的一个清晨，卡尔·本茨的妻子贝尔塔·林格尔开着“奔驰一号”，带着两个儿子从曼海姆出发，试行了 100km 到达娘家所在地普福尔茨海姆，圆满地完成了世界上首辆汽车的试行之举，她也成为世界上第一个试车者和女驾驶员（图 1–19）。

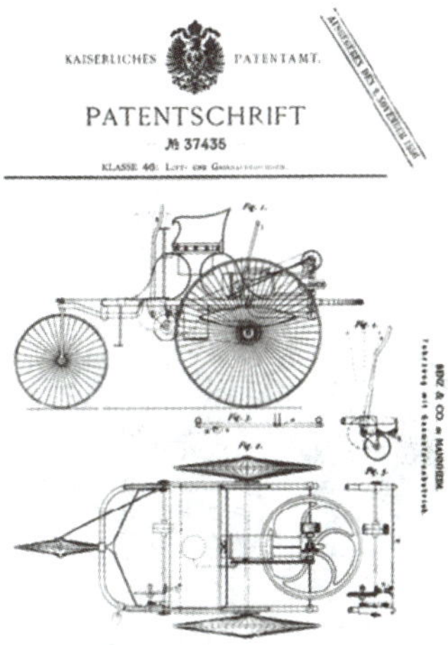

图 1–18 第一张汽车专利证

图 1–19 本茨的妻子带着两个儿子首次试车

贝尔塔试车时领取的是一张临时驾驶许可证，而直到 4 年后她才领到正式的驾驶许可证。当然这种等待也是值得的，因为这是世界上第一张“汽车驾驶证”。

3. 第一辆四轮车

戈特利布·戴姆勒（Gottlieb Daimler，1834—1900）（图 1–20）出生于 1834 年，父亲是德国绍恩多夫市的一位手工业者。1859 年，戴姆勒从斯图加特技术学校毕业，并先后前往法国和英国学习。1863 年，戴姆勒回到德国任职于罗伊特林根机械工厂，在这里他发现了一名技术天才——

21 岁的学徒工威廉·迈巴赫（Wilhelm Maybach）。1872 年，奥托组建道依茨发动机厂，戴姆勒被聘为技术指导，迈巴赫随往担任制图员。在道依茨，迈巴赫设计出了完善的内燃机进气控制系统，并解决了活塞、连杆的润滑问题，为内燃机的实用化做出了重要贡献。

1882 年，戴姆勒提出必须开发高速内燃机，用于未来的交通工具，可此时的奥托已变得僵化保守，不愿冒险。于是戴姆勒干脆辞职而去，迈巴赫也跟着一起离开，他们自己建立了一座实验工厂，开始共同研究高速内燃机。1883 年，戴姆勒和迈巴赫制造出了首台戴姆勒卧式发动机，该发动机在 1883 年 12 月获得了德国专利。随后他们把卧式发动机改装成尽可能小的立式发动机，于 1885 年 4 月获得专利。该发动机是世界上第一台立式机，戴姆勒把它取名为“立钟”。它体积小、占地少、转速快、效率高，最适合交通工具使用，是后来汽车汽油机和航空汽油机正宗的鼻祖。

图 1-20 戈特利布·戴姆勒

1885 年 8 月，戴姆勒将功率为 0.8kW 的“立钟”发动机装到了一辆木制双轮自行车上，并申请到了“骑式机动双轮车”的专利，这就是世界上第一辆摩托车（图 1-21）。所以，戴姆勒又被称为“摩托车之父”。

1886 年，为庆祝妻子生日，戴姆勒买了一辆美国造的四轮大马车。他和迈巴赫改造了车子，在前轮上安装了转向装置，在后轮上安装了驱动装置，把一台经过改进的立式发动机安装在车身中部，于是，第一辆四轮汽车就这样诞生了。戴姆勒把这辆车叫作“机动马车”（Motor Carriage），后来这辆车被尊称为“戴姆勒一号”（图 1-22）。

1890 年，戴姆勒在斯图加特成立了戴姆勒汽车公司，开始生产汽车。

图 1-21 世界第一辆摩托车

图 1-22 “戴姆勒一号”

任务二　汽车的发展

一、汽车史上的三次大的变革

100 多年的汽车发展史表明：汽车诞生于德国，成长于法国，成熟于美国，兴旺于欧洲，挑战于日本。

1886 年，德国人本茨和戴姆勒发明了汽车，接着欧洲出现了生产汽车的公司。最早成立的汽车公司有德国的奔驰公司、戴姆勒公司，法国的标致公司、雷诺公司，英国的奥斯汀公司、罗孚公司，意大利的菲亚特公司等。欧洲是世界汽车工业的摇篮。德国人发明了汽车，而促进汽车最初发展的是法国人。1891 年，法国人阿尔芒·标致首次采用前置发动机后驱动形式，奠定了汽车传动系的基本构造。1898 年，法国人路易斯·雷诺将万向节首先应用于汽车传动系中，并发明了锥齿轮式主减速器。

不过尽管以法国为主的欧洲汽车公司占据了当时世界汽车工业的统治地位，但它们都是以手工方式生产汽车，讲究豪华，价格昂贵，限制了汽车工业的发展。

在百余年的汽车发展史中，世界汽车工业经历了三次巨大变革。第一次变革是美国福特汽车公司推出了 T 型车，发明了汽车装配流水线，使世界汽车工业的发展重心从欧洲转向美国。第二次变革是欧洲通过多品种的生产方式，打破了美国汽车公司在世界车坛上的长期垄断地位，使世界汽车工业的发展重心从美国又转回欧洲。第三次变革是日本通过完善生产管理体系形成精益的生产方式，全力发展物美价廉的经济型轿车，日本成了继美国、欧洲之后世界第三个汽车工业发展中心，使世界汽车工业的发展重心从欧洲转到日本。

1. 第一次变革 ——流水线大批量生产

1892 年，美国查尔斯·杜里埃和弗兰科·杜里埃兄弟制造出美国第一辆以汽油机为动力的汽车。

1903 年，福特汽车公司成立；1908 年，通用汽车公司成立。它们的成立推动了世界汽车工业的发展。

提到福特汽车公司，自然想到 T 型车（图 1-23）。T 型车可说是将家庭轿车神话变为现实的第一种车型。

图 1-23 亨利·福特和他的 T 型汽车

在 T 型车出现以前，汽车是为少数人生产的奢侈品。为制造理想的大众化汽车，1908 年福特公司推出 T 型车。T 型车的出现，使汽车从有钱人的专利品变成大众化的商品，在长达 20 年的 T 型车生产期间，T 型车被称为“运载整个世界的工具”。

1913 年，福特公司在汽车城底特律市建成了世界上第一条汽车装配流水线（图 1-24），使 T 型车成为大批量生产的开端，装配一辆汽车的时间从 12.5h 缩短到 1.5h。从 1908 年到 1927 年，T 型车共生产了 1 500 多万辆，这一车型累计产量记录直到 1972 年才被德国甲壳虫型汽车打破。T 型车的售价从开始的 850 美元，最后降到 360 美元。1915 年，福特一个公司的汽车年产量就占美国汽车总年产量的 70%，而当时生产汽车历史较长的德、英、法等欧洲各国的汽车总年产量也不过是美国汽车年产量的 5%。

图 1-24 福特汽车装配流水线

由于亨利·福特仅注重生产成本，不重视产品改进，多年生产的 T 型车显得单调、简陋。到 1927 年，带有豪华饰件的通用公司的雪佛兰牌汽车赢得了用户普遍欢迎，终于击败了垄断汽车市场 20 年的福特 T 型车，使它最终退出。

2. 第二次变革 ——汽车产品多样化

第二次世界大战以前，欧洲人就已经开始对美国汽车的一统天下不满。但是，由于当时欧洲的汽车公司尚不能以大批量生产、降低售价与美国汽车公司竞争，于是，就以新颖的汽车产品，例如发动机前置前驱动、发动机后置后驱动、承载式车身、微载式车身、微型节油车等，尽量适应不同的道路条件、国民爱好等要求，与美国汽车公司抗衡。因此，形成了由汽车产品单一到多样化的变革。针对美国车型单一、体积庞大、油耗高等弱点，欧洲开发了多姿多彩的新型车。例如：严谨规范的奔驰、宝马；轻盈典雅的法拉利、雪铁龙（图 1-25）；雍容华贵的劳斯莱斯、美洲虎；神奇的甲壳虫（图 1-26）；风靡全球的“MINI”等车型纷纷亮相。多样化的产品成为最大优势，规模效益也得以实现。

图 1-25 雪铁龙

到 1966 年，欧洲汽车年产量突破 1 000 万辆，比 1955 年增长 5 倍，年均增长率为 10.6%，超过北美汽车产量，成为世界第二个汽车工业发展中心。到 1973 年，欧洲汽车年产量提高到 1 500 万辆。

世界汽车工业的发展重心又由美国转回欧洲。

3. 第三次变革——精益的生产方式

世界汽车工业的第三次变革发生在日本。日本汽车工业起步较晚，日本第一大汽车公司丰田汽车公司和第二大汽车公司日产汽车公司均创建于 1933 年。第二次世界大战前夕，日本政府颁布了《汽车制造业企业法》，表明对发展汽车工业给予支持。“二战”中，日本政府关闭了美国在日本建立的汽车制造厂。“二战”后，日本不允许外国到日本建厂造车。尽管如此，在 20 世纪 50 年代，日本的汽车工业仍然发展缓慢。进入 20 世纪 60 年代以后，经济型轿车的生产在日本逐年增加。1960 年，日本人均国民生产总值为 500 美元，1966 年人均国民生产总值突破了 1 000 美元，为汽车普及创造了条件。同时，日本各汽车公司及时推出物美价廉的汽车，其售价与 20 世纪 50 年代中期相比下降了 30% ~ 50%，于是日本出现了普及汽车的高潮。日本称 1966 年为普及私人汽车的元年。

图 1-26 甲壳虫

图 1-27 丰田早期的“皇冠”

图 1-28 日产“公爵”

同时，以丰田汽车公司为代表的几家汽车公司，将“全面质量管理”和“及时生产系统”两种新型的管理机制应用于汽车生产。前者要求工人承担更多的责任，把产品质量放在首要位置。后者要求做好技术服务，推行精益生产方式。两者紧密结合，相辅相成，推动了日本汽车工业的高速发展。

1973 年，日本汽车出口量达到 200 万辆；1977 年，日本汽车出口量达到 400 万辆；1980 年，日本汽车出口量猛增到 600 万辆。

由于日本实现了汽车国内销售量和出口量双高速增长，迎来了日本汽车工业的发展高峰，创造了世界汽车工业发展的奇迹。日本丰田汽车公司的“车到山前必有路，有路必有丰田车”（图 1-27）和日产汽车公司“古有千里马，今有日产车”（图 1-28）的美好愿望得以实现。1960 年，日本汽车产量仅为 16 万辆，远远低于当时美国和西欧各主要汽车生产国的水平。但到 1967 年，汽车产量达到 1 100 万辆，超过美国汽车年产量，跃居世界第一位，日本成为继美国、欧洲之后的世界上第三个汽车工业中心，世界汽车工业又发生了从欧洲到日本的第三次转移。

二、汽车在德国诞生与发展

1885 年 10 月，卡尔·奔驰设计制造了世界上第一辆三轮汽油汽车，他的妻子贝尔塔驾驶它时走时停地开了 100 多千米，成为世界上第一个女驾驶员。1886 年 1 月 26 日，奔驰取得了专利权，德国人便把 1886 年称为汽车诞生年。同年戈特利布·戴姆勒也发明了一部四轮汽油汽车。两人各自成立了自己的汽车公司，1926 年两家合并为戴姆勒—奔驰汽车公司。

汽车的诱人前景使德国的汽车厂纷纷出现，一些其他行业的厂家也转向汽车生产。1901 年，德国共有 12 家汽车厂，职工 1 773 人，年产 884 辆；而到 1908 年，汽车厂达到 53 家，职工 12 400 多人，年产 5 547 辆。1914 年“一战”前，德国汽车工业已基本形成一个独立的工业部门，年产量达 2 万辆。汽车工业的发达从某种程度上也促进了“一战”的爆发。

1934 年 1 月，著名汽车设计大师波尔舍联合 34 万人合股成立了大众汽车公司，得到希特勒政府的支持，而随后开发的甲壳虫汽车令大众迅速成为国际性的汽车厂商。

“二战”德国的战败给德国的汽车工业造成了一定的损失，但从 1950 年开始，德国汽车工业得到了较快的发展，超过英国而成为世界第二大汽车生产国。然而 1967 年日本的产量超过了德国，以后德国便始终处在第三的位置，但增长速度很慢。

从总体上看，德国汽车以质量好、安全可靠而著称，奔驰（图 1–29）、宝马（图 1–30）等豪华车和保时捷跑车（图 1–31）在世界车坛享有盛誉，经久不衰，其品牌含金量极高。所以，1998 年春戴姆勒 – 奔驰公司与克莱斯勒合并时，戴姆勒 – 奔驰的年产量仅百万辆有余，而克莱斯勒年产量近 400 万辆，但戴姆勒 – 奔驰取得了新公司的支配权。当然，德国汽车一味追求高档、豪华也给其市场开拓带来了一定的难度，除了大众能以真正大众特色的产品雄居世界十大汽车厂商第四位外，其他公司的产量都不高，这也是日本后来居上超越德国的原因。

图 1–29 奔驰汽车

图 1–30 宝马汽车

图 1–31 保时捷汽车

三、法国汽车工业的起步

在汽车发展史上，法国人有着自己独特的地位。

早在 1769 年，法国陆军技术军官尼古拉斯 · 古诺就在政府的支持下试制成功了世界上第一辆具有实用价值的蒸汽汽车，从而引发了世界性的研究和制造汽车的热潮。但随后到来的法国大革命却让法国的汽车研究中断了几十年，直到 1828 年，巴黎技工学校校长配夸尔制造了一辆蒸汽牵引汽车，其独创的差速器及独立悬挂技术至今仍在汽车上广泛应用。

法国出现第一辆汽油汽车是在 1890 年，由阿尔芒·标致创立的标致公司生产。“一战”前，标致（图 1–32）的年产量达到 1.2 万辆，到 1939 年时年产量达 4.8 万辆。而 1915 年创办的雪铁龙汽车公司（图 1–33）发展更快，在 20 世纪 20 年代初年产量就突破 10 万辆，1928 年日产汽车 400 辆，占全法汽车产量三分之一。创办于 1898 年的雷诺汽车公司发展也很快，1914 年便形成了大规模生产，“一战”期间更是因军火生产而筹集了大量资金用于汽车生产。

“二战”期间，雷诺公司为德国法西斯效劳，为德国军队提供大量坦克、飞机发动机和其他武器，

图 1-32 标致汽车

图 1-33 雷诺汽车

因而战争结束后，雷诺公司被法国政府接管，路易·雷诺也被逮捕。在政府支持下，雷诺兼并了许多小汽车公司，1975 年汽车年产量超过了 150 万辆，成为法国第一大汽车厂商，而标致汽车公司的产量也在战后 20 年内猛增十几倍，一跃成为法国第二大汽车公司，在 20 世纪 80 年代更是超过雷诺而登上榜首。雪铁龙汽车公司则因经营不善而于 1976 年被标致汽车公司收购。

进入 80 年代，世界性的经济危机使法国汽车工业受到了一定的挫折，雷诺公司更是连年亏损，1984 年产量急剧下降到 30 万辆，但几年后雷诺公司便恢复了元气，1999 年 3 月还收购了日产汽车公司 36.8% 的股份，去年的产量达 229 万辆。

法国汽车的总体特点就是车体较小而设计新颖，符合大众化的方向，因此在西欧成为家庭轿车的热门，雷诺的“丽人行”微型车在欧洲曾多次获销量第一。但是在豪华车、跑车领域，法国汽车公司就不如美、德、日等国汽车公司出色，这成为法国汽车业的遗憾。

四、汽车工业在美国的发展

美国历史上第一次汽车展览是在 1900 年 11 月，在纽约市当时的麦迪逊花园广场举行。从历次汽车展览可以看出美国汽车工业的发展历史，也可以看出美国汽车造型及功能的发展。

19 世纪末，美国的经济已经达到了比较高的水平，工业生产开始处于世界前列，它的钢铁和石油化工等工业的发展为汽车工业创造了条件。1908 年，福特汽车推出了著名的 T 型车，这种售价低廉的汽车，只有当时同类汽车价格的 1/4 甚至 1/10，美国一个普通工人用一年的工资就可以买到。福特的 T 型车战略使汽车成为真正意义上的大众交通工具。1913 年，福特公司首先在生产中使用流水线装配汽车，这给汽车工业带来革命性变化，美国随即出现了普及汽车的高潮。

1. 第一阶段

1900—1915 年。1900 年汽车开始大量生产，人们进入汽车时代。奥尔兹莫比汽车公司成立于 1887 年，是美国历史最悠久的汽车制造厂商。该公司于 1903 年生产的 Doctor Coupe 是单汽缸发动机汽车，也是该公司第一款大量生产的汽车，1903 年约生产了 4 000 辆。1908 年福特汽车公司生产的 T 型汽车为汽车制造开创了新纪元，可以说是 20 世纪美国甚至是全世界让汽车成为大众交通工具的先驱，后来媒体一致认为福特 T 型汽车为 20 世纪最重要的汽车发明。福特采用大批量的生产方式，改善 T 型汽车，同时降低价格，也因此改变了人类的生活方式。1908 年，当今全球第一大汽车生产厂商通用汽车公司成立。在这两大汽车公司的耕耘下，汽车性能益发精进，销售量蒸蒸日上，1916 年美国汽车销量首度突破 100 万辆，1920 年再度建立超越 200 万辆的新里程碑。

2. 第二阶段

1916—1929 年。汽车制造在这个时期日趋成熟，越来越多的中产阶层拥有汽车，而汽车的造型已经成为汽车制造过程中的一个重要步骤。通用汽车公司率先成立了艺术与色彩生产部门。在这个时期，富有的人家流行汽车车身定做，即先购买某种汽车的机械部件，然后再定做车身。虽然许多被视为经典的汽车外观都是这个时期的产物，但车身定做其实是费钱而不实际的。成立于 1902 年的凯迪拉克汽车公司一向以机械部件优良著称。公司曾经把 3 辆汽车拆开，将机械零部件整个打散混合，再重新组合成 3 辆汽车。这一做法，旨在强调凯迪拉克汽车（图 1-34）的零部件的标准化及一致性。

图 1-34 迪拉克汽车

另外，当时声望极高的高级汽车制造厂商 Pierce Arrow 汽车公司，从 1901 年至 1938 年在纽约上州水牛城生产汽车，公司早期即采用铝合金车身并配备动力刹车。这个时期，美国汽车工业为适合消费者需求已经能够生产 8 缸发动机跑车，时速可达到 115 英里①。1925 年美国第三大汽车制造厂商克莱斯勒汽车公司（图 1-35）成立。在经济大萧条前夕的 1929 年，美国汽车销量突破 500 万辆。

图 1-35 克莱斯勒汽车

① 1 英里 =1.609 千米。

3. 第三阶段

1930—1942 年。由于利用空气动力原理，汽车的发动机设计在这个时期出现长足的进步。然而，第二次世界大战让汽车制造厂商投入了军用车辆及机械的生产中，汽车外观并无明显改变，几乎无造型可言的吉普车的出现完全是基于实际的需要。Packard 汽车公司共制造 7 种时速可达 100 英里的高性能 Packard Speedstar 汽车，被视为当时豪华汽车的代表。当时全球市场上有 15 家厂商制造豪华型汽车，Packrad 就占了 50% 的市场。Franklin Sport Runabout 汽车公司自 1902 年至 1934 年在纽约州的雪城生产汽车，发动机开始使用空气冷却系统。

4. 第四阶段

1946—1959 年。随着喷气飞机时代的来临，汽车造型也趋向更低、更长、更宽，并在车后加上大大的尾翅。这个时期的汽车造型有两大特色，一是车身的防撞设计，二是尾翅的流行。20 世纪 50 年代美国最具特色的汽车是家庭式旅行车（Station Wagon），象征着郊区家庭的美好生活。这个时期，福特雷鸟汽车曾是公司跑车的代言者。1955 年福特公司生产的雷鸟 8 缸双人座敞篷跑车，车顶为活动纤维玻璃，其华丽造型获得了高度评价，后因其控制轻巧，又被喻为私人车的象征。1958 年，美国汽车厂商专为纽约国际汽车展览设计了一款只有 1 辆的 DualGhia100 原型汽车，具有 294kW，最高时速为 224km，并配有当时车迷所梦想的盒式磁带汽车音响。

5. 第五阶段

1960—1979 年。消费者抛弃以往强调越大越美的汽车造型，传统而保守的造型蔚然成风，以甲壳虫为代表的小型汽车大为流行。一些价格合理的小跑车如 Mustang 和 Corvette 等普遍受到欢迎，小型汽车市场开始增长。美国三大汽车公司都有此类产品推出。1964 年福特野马跑车（图 1–36）率先掀起小型车的革命。美洲豹 E 型汽车以玲珑的流线型外形赢得消费者青睐。当捷豹 XKE 汽车第一次在 1961 年的纽约国际汽车展览出现时，立刻造成轰动。这款双人座双门敞篷车时速高达 240km，而它创新的独立后悬挂系统使其在当年的车展上备受宠爱。

图 1–36 野马汽车

6. 第六阶段

1980—2000 年。从 20 世纪 80 年代起，美国汽车工业几乎难以招架日本汽车工业的凌厉攻势，日本的本田、日产、三菱和富士公司相继在美国设厂。美国汽车工业为与日本汽车进行竞争，又不断推出新造型汽车，被称为小型厢式车（minivan）的客货两用轻型汽车一举成为最受家庭喜爱的车种。这种汽车的外形更接近于普通小汽车，只是车厢后部增加了可以放置物品的空间，约占车厢的1/3，驾驶时的感觉也与普通小汽车类似。而家庭轿车、双门轿车、跑车也都讲究流线型设计，一改近20年来的直线设计。20世纪90年代，多功能车又独领风骚，因为很多美国人喜欢有载货和越野功能，而又可以做代步工具、驾驶它上下班的汽车。从20世纪初到现在，美国汽车工业有100多年的历史，在与同行的激烈竞争中不断创新发展，迎合消费者对汽车造型和性能的需求，主宰了世界汽车工业，美国成为名副其实的汽车大国、工业大国。在这一过程中，美国通用汽车公司不仅成为世界最大的汽车公司，也成为世界上首屈一指的跨国集团（通用1993财政年度销售额为1336亿美元，约等于同年中国国民生产总值的45%。它消耗了美国10%以上的钢铁、25%以上的橡胶），直到今天仍没有第二家汽车公司可以取代它的霸主地位。

五、日本汽车工业的崛起

日本汽车制造业的开山者应是吉田真太郎，1904年他成立了东京汽车制造厂，3年后制造出第一辆汽油轿车“太古里一号”。随后日本国内出现了众多汽车制造厂，情形不亚于20世纪80年代的中国。出于军事的需要，日本政府颁布了《军用汽车补助法》，对汽车厂商进行扶持，这成为早年日本汽车工业发展的原动力。

日本“二战”失败后，盟军司令部曾下令全面禁止日本生产汽车，但没有得到执行，丰田、东洋工业、富士重工都推出了自己的新车型。但在20世纪50年代前期，美国、欧洲生产的汽车充斥日本汽车市场，大有泛滥之趋势。特别是欧洲生产的小型廉价汽车，对处在半毁灭状态的日本汽车工业构成了致命的威胁。当时的日本政府为了保护本国汽车产业，对进口汽车征收高达40%的关税（本项关税于1978年废止，其后直到今天日本对进口汽车全免关税），同时严格禁止外国资本渗透日本汽车工业。而一些小的汽车厂家为了生存，纷纷采取与国外厂家连手搞“事业合作”或“技术合作”的方式，唯有丰田依然靠自身力量开发生产轿车。

1955年，日本通产省公布了发展国民车的大胆构想，提出鼓励企业发展一种供日本老百姓使用的微型汽车的计划。当时通产省要求企业设计生产出一种自重400千克以下，时速100千米以上，乘坐4人或2人并可以同时携带100千克货物，发动机排量350 ~ 500毫升，行驶10万千米无大修的汽车；而且这种汽车生产成本限制在15万日元以下，售价25万日元以下。通产省要求各汽车厂家都来投标，然后评选出优秀车型，政府给予帮助。国民车构想发布后在日本国内引起极大反响，各大汽车公司竭力想在这场竞争中分得一杯羹。当时，日本人均生产总值尚不足300美元。

1960年时，日本汽车年产量仅为16万辆，远远低于同时期美国和西欧各主要汽车生产国的产量。然而仅仅过了7年时间，日本汽车年产量就奇迹般达到300万辆，超过欧洲各主要汽车生产国产量，跃居世界第二位。到1980年，日本汽车年产量达到1 100万辆，超过美国，坐上了世界汽车生产的头把交椅。日本终于成为继美国和欧洲之后世界第三个汽车工业发展中心。

1965年，名古屋至神户高速公路的开通揭开了日本公路交通高速时代的序幕，日本称1966年为其普及轿车元年，也即轿车进入普通家庭的起始年。日本当年的基本情况是：人均国民生产总值1 000美元，人均国民生产总值与一辆小型或微型轿车价格之比为1 : 4，全国年销轿车达74万辆，其中约一半为私人购买，该年轿车普及率达28辆/千人。从此以后，日本即进入高速普及轿车时期。

自此日本掀起了爆炸性的汽车普及狂潮，极大地拉动了汽车的消费，1967 年日本超过西德而成为第二大汽车生产国。

20 世纪 70 年代世界发生了两次石油危机，油价的提高使人们对汽车的兴趣大减，欧美汽车生产厂商纷纷减产，而这时日本却以其小型轿车油耗低的特点博得了消费者的青睐，3 年时间里日本汽车出口量翻了一番，1973 年达到 200 万辆。与此同时，日本汽车进口量始终保持很低的水平，1960—1980 年，日本汽车年进口量最高不超过 6 万辆，最低的年份只有 1 万辆。日本凭借着汽车国内销售和出口量双高速增长的现实，创造了世界汽车工业发展的奇迹。丰田、日产、富士重工、铃木等公司迅速成为世界级的汽车生产厂商，丰田公司在 1972 年到 1976 年 4 年间就生产了 1 000 万辆汽车。1980 年，日本汽车总产量达到 1 104 万辆，超过美国而成为世界最大的汽车生产国和出口国。由于大量对美出口给美国带来了巨额贸易逆差，从 1980 年起年年都发生的日美汽车贸易摩擦成为影响日美关系的重要因素，而丰田（图 1-37）、本田（图 1-38）、日产（图 1-39）等汽车厂商为了免受影响，纷纷把生产基地搬到美国本土。

进入 90 年代，日本汽车工业渐呈颓势，许多公司出现了开工不足、生产力闲置的情况，而欧美汽车厂商则通过兼并重组恢复了元气，反过来把日本汽车公司当作并购的对象。现在，通用汽车在富士重工、五十铃、铃木三家公司分别拥有 20%、49%、9.9% 的股份，福特汽车则拥有马自达 33.4% 的股份，成为日本汽车工业危机的一次大暴露。

曾经辉煌一时的日本汽车工业会向何处去？这将成为国际汽车界的一个悬念。

图 1-37 丰田汽车

图 1-38 本田汽车

图 1-39 日产汽车

六、韩国汽车工业的梦

韩国最早从事汽车生产的公司是起亚汽车公司，始建于 1944 年 12 月，但“二战”后由于政治局势动荡，公司长期处于不景气的状态。韩国汽车业的真正起步在 20 世纪 60 年代初，各汽车厂商以组装进口零部件生产整车的方式开始生产汽车，直到 1970 年，韩国的汽车年产量仅为 2.8 万辆。

进入 70 年代，韩国政府实行“汽车国产化”政策，各汽车公司开始大规模引进国外生产技术。1973 年，现代汽车公司引进日本三菱公司发动机、传动系和底盘技术，1975 年便开始自己开发生产汽车，并大量向非洲出口。大宇汽车公司 1972 年与美国通用汽车合资，随着 1990 年第一辆自主设计的名为“王子”的国产车的推出并在市场取得成功，1992年解除了与通用20年的合作关系。

国产化政策使韩国的汽车工业获得了飞速发展。1985年，韩国的汽车年产量为37万辆，1986年达到60万辆。1987年，汽车普及高潮开始，国内市场迅速扩大；同时，由于韩国始终坚持把汽车工业作为出口战略产业，不遗余力扩大出口，结果经过多年努力终于在20世纪80年代末取得成效，逐步实现了向美国等发达国家大量出口汽车的目标，而这又进一步推动了韩国汽车工业的高速发展。因此，韩国称1987年为其普及轿车起始年。该年人均国民生产总值为3 110美元，人均国民生产总值与轿车价格之比为2∶1，全国年销轿车25万辆，平均每千人购买轿车6辆，其中由私人购买的比重占80%，该年轿车普及率达20辆/千人。也与日本一样，从此以后，即进入高速普及轿车期。

韩国自20世纪六七十年代开始引进国外汽车生产线以来，始终执行一种多样化的发展方针，汽车品种涵盖了小型客车、小汽车、大型旅游车、越野车、卡车等多个领域，产量基本可以满足本国需要。于是人们看到，韩国上至总统，下到平民百姓，大家都以乘坐国产车为荣。显然，这与韩国人强烈的民族自尊感是分不开的。

1988年韩国汽车产量突破100万辆，1995年达到240万辆，1997年达到280万辆，一跃成为世界汽车第五大生产国。受亚洲金融危机影响，韩国汽车产量有所下降，但也一直保持着近200万辆的水平。1989年年产量为113万辆，1990年达到132万辆，在随后的5年时间里，年均增长率基本保持在15%左右，1995年达254万辆。韩国汽车业形成了以现代（图1–40）、起亚（图1–41）、大宇、双龙四公司并立的市场格局，韩国也一跃成为世界汽车生产大国。

随着汽车国产化的实现，韩国政府又实施出口导向战略，从20世纪80年代开始，韩国汽车大

图1–40 现代汽车

图1–41 起亚汽车

量出口。到1994年韩国汽车的年出口量达到73.8万辆，而1995年则为110万辆，增长48.6%，在世界汽车出口国排名第6。进入90年代中后期，韩国汽车业在西欧、美洲、东欧、中亚、亚洲和大洋洲建立生产基地，实现生产本地化，在此基础上建立了海外生产体系和全球营销网络。1996年，韩国汽车总产量达到281.3万辆。

韩国经济的腾飞被视为奇迹，而汽车业的发展在其中扮演了极为重要的角色。同韩国的其他工业体系一样，汽车工业的发展是与国家的扶持政策分不开的，但是1997年亚洲金融危机爆发后，韩国的汽车业遭受了重大打击，原来被飞速发展所掩盖的政企不分、家族式经营日益显露出弊端，企业走到了破产与亏损的边缘。

在风雨中，韩国汽车工业被迫进行新的调整。1997年，双龙汽车公司因资不抵债而被大宇收购。同年起亚汽车公司也被政府招标拍卖，现代集团奋起应标，于1998年10年将其收购，但不久自

己内部却出现债务问题。1999 年大宇汽车公司也背上了 180 亿美元的债务，不得不向欧美汽车公司求援，在与通用、戴姆勒－克莱斯勒的竞争中，2000 年 7 月，福特汽车公司如愿以偿收购了它。

曾经辉煌一时的韩国汽车工业在短时间内就走向低谷，其教训对我国的汽车工业有着极其重要的借鉴意义。业内人士指出，韩国汽车业正在进行调整，而调整的成败不仅取决于各大公司变革的力度，更取决于整个亚洲经济复苏的程度。曾经创造了发展奇迹的韩国汽车业能否再次创造复苏的奇迹？世人拭目以待。

七、中国汽车工业之路

旧中国没有自己的汽车工业。1901 年，一个叫李恩时的匈牙利人将两辆美国生产的奥兹莫比尔汽车从香港运到上海，从此中国开始出现汽车。中国人拥有的第一辆汽车是 1902 年袁世凯从美国购买送给慈禧的生日礼物。

1930 年中国汽车保有量为 38 484 辆，却没有一辆国产汽车。不少有志之士，例如孙中山、张学良等都想制造中国汽车，却没能实现。

中国汽车工业从 1953 年开始建设到现在，已经走过 50 多年的历史，经历了风风雨雨、艰苦创业、从无到有，现在中国汽车工业进入了快速发展的高速路。我国汽车工业的发展可概括为初创、成长和全面发展三个阶段。

1. 初创阶段（1949—1965 年）

初创阶段的特征是：首先建成了中国第一汽车制造厂，实现了中国汽车工业零的突破；接着建立了南京汽车制造厂、上海汽车制造厂、济南汽车制造厂、北京汽车制造厂，形成了五个汽车生产基地。

（1）汽车工业的筹划

1950 年 1 月，毛泽东主席、周恩来总理在莫斯科同苏联政府会谈，商定由苏联援助中国建设 156 项重点工程，其中包括建设一座现代化载货汽车厂。

1950 年 3 月 27 日，重工业部成立汽车工业筹备组，任命郭力为主任，孟少农、胡云芳为副主任。

1951 年 4 月，政务院财经委员会批准第一汽车制造厂在长春兴建，第一汽车制造厂开始了工厂设计，产品为苏联吉斯 150 型载货汽车，年产 3 万辆。

1952 年 8 月 17 日，重工业部撤销，成立第一机械工业部。

1952 年 12 月 8 日，第一机械工业部任命饶斌为第一汽车制造厂厂长，郭力、孟少农、宋敏芝为副厂长。

1953 年 1 月，第一机械工业部将汽车工业筹备组改为汽车工业管理局，任命张逢时为局长、江泽民为副局长。

1953 年 6 月 6 日，毛主席批准下发中共中央《关于力争三年建成长春汽车厂的指示》。

（2）第一汽车制造厂的建立

1953 年 7 月 15 日，在长春隆重举行了第一汽车制造厂（简称一汽）奠基典礼大会。会上李岚清等六名青年优秀共产党员，将毛主席亲笔题写的“第一汽车制造厂奠基纪念”基石碑抬进会场。位于吉林长春西南部的这块土地曾留下侵华日军细菌工厂的历史印迹，屈辱和落后激励着新中国建设者们打下了新中国汽车工业的第一桩。来自祖国四面八方的建设大军，战酷暑，斗严寒，仅用了 3 年时间，便在历史空白处开凿出国产汽车的源头。

1956 年 7 月 13 日，第一辆解放 CA10 型载货汽车（图 1–42）下线，1956 年 7 月 15 日，第一批解放 CA10 型载货汽车下线，这表明中国不能制造汽车的历史从此结束，为中国汽车工业树立了不朽的丰碑。

图 1–42 解放 CA10 型载货汽车

1958 年 2 月 13 日，毛泽东主席到第一汽车制造厂视察工作。

1958 年 5 月 5 日，一汽生产出第一辆东风 CA71 型轿车（图 1–43），东风轿车前端发动机罩上装饰了一个金龙腾飞的车标。

之后，第一机械工业部决定集中力量研制高级轿车，并定名为红旗牌。制造高级轿车必须有参考样车，第一机械工业部汽车局先调来了一辆美国克莱斯勒 1955 年产的 C69 型轿车，周恩来总理将法国雷诺汽车公司送给他的轿车，朱德委员长将他的斯柯达轿车，陈毅副总理兼外交部部长将他的奔驰 600 型轿车，都送给了一汽做样车。

图 1–43 东风 CA71 型轿车

1958 年 7 月，第一汽车制造厂自行设计、试制的第一辆红旗牌 CA72 高级轿车（图 1–44）诞生。这辆汽车发动机为 8 缸 V 形排列，功率为 162kW/4 000r · min^{-1}，采用自动变速器。散热器罩窗

图 1-44 红旗 CA72 型轿车

孔采用中国传统的扇子造型。红旗牌高级轿车是国产高级轿车的先驱，红旗是一个国内外驰名的品牌。

1963 年 8 月，第一汽车制造厂建成具有批量生产能力的红旗牌轿车生产基地。

（3）五个汽车生产基地的形成

至 1966 年，我国汽车工业已形成第一汽车制造厂、南京汽车制造厂、上海汽车制造厂、济南汽车制造厂、北京汽车制造厂五个汽车生产基地，基本填补了汽车类型的空白。

① 南京汽车制造厂

1958 年 3 月 10 日，南京汽车制造厂生产出第一辆跃进牌 NJ130 型 2.5t 轻型载货汽车，其原型是苏联的嘎斯 51 型汽车。同年 6 月试制出第一辆 NJ230 型 1.5t 越野汽车。同年 5 月 10 日，工厂改名为南京汽车制造厂，成为第二家直属中央的汽车企业。

② 上海汽车制造厂

1958 年 9 月，上海汽车装配厂试制成功第一辆凤凰牌轿车。1960 年 10 月，上海汽车装配厂迁安亭扩建，更名为上海汽车制造厂。1964 年 12 月，上海汽车制造厂开始生产上海牌 SH760 型轿车。自上海轿车厂投产到 20 世纪 80 年代初，上海汽车制造厂是中国唯一一家普通轿车制造厂。

③ 济南汽车制造厂

1959 年，济南汽车制造厂参照捷克生产的斯柯达 706RT 型 8t 载货汽车设计我国的重型载货汽车。1960 年 4 月，济南汽车制造厂试制成功黄河牌 JN150 型 8t 重型载货汽车。

④ 北京汽车制造厂

1961 年，国防科委批准了以北京汽车制造厂作为生产轻型越野汽车的基地。1961 年，该厂试制出第一辆北京 BJ210 型轻型越野汽车。1966 年 5 月，国务院军用产品定型委员会批准北京汽车制造厂的北京 BJ212 型越野汽车的设计定型，并投入批量生产。

到 20 世纪 60 年代初，全国形成了五个汽车生产基地，截至 1965 年全国生产汽车累计 17 万辆。

2. 成长阶段（1966—1978 年）

成长阶段的特征是：先后建成了第二汽车制造厂（简称二汽）、四川汽车制造厂和陕西汽车制造厂三个主要生产军用越野汽车的三线汽车制造厂；开发矿用自卸汽车和重型汽车；地方积极建设汽车制造厂。

（1）第二汽车制造厂的建立

1964 年，根据毛泽东主席的“备战备荒为人民”和“三线建设要抓紧”的指示，二汽建设被列入第三个五年计划。

1965 年 12 月 21 日，中汽公司决定成立第二汽车制造厂筹备处，由饶斌、齐抗、李子政、张庆梓、陈祖涛五人组成领导小组，由饶斌、齐抗负责。

1966 年 5 月 10 日，建委在北京召开内地厂址平衡会议，确认第二汽车制造厂厂址位于湖北省郧县十堰镇。1967 年 4 月 1 日，第二汽车制造厂正式破土动工并举行开工典礼。

二汽建设自筹备之初就确定了“靠山”“隐藏”“分散”的方针。

二汽的建设是在特定的历史条件下和艰苦的自然环境中动工的。依靠全国人民的支持，各路建设大军在“为民族汽车工业打翻身仗”的宏伟目标指引下，脚踏荒野，风餐露宿，夜以继日，艰苦创业，加速建设。

1975 年 7 月 1 日，第二汽车制造厂东风 EQ240 型 2.5t 越野汽车生产基地基本建成并投产。

1978 年 7 月，第二汽车制造厂东风 EQ140 型 5t 载货汽车生产基地基本建成，并投入批量生产。

（2）川汽和陕汽的建立

1966 年 3 月 11 日，四川汽车制造厂举行动工典礼，厂址选定在四川大足。1966 年 6 月，四川汽车制造厂红岩牌 CQ260 型越野汽车在綦江齿轮厂试制成功，后改型为红岩 CQ261 型。1971 年 7 月，四川汽车制造厂批量投产红岩牌 CQ261 型越野汽车。

陕西汽车制造厂厂址选定在陕西省岐山县麦里西沟。1974 年 12 月 27 日，陕西汽车制造厂生产的延安牌 SX250 型越野汽车定型。1978 年 3 月 14 日，陕西汽车制造厂和陕西齿轮厂建成，正式投产延安牌 SX250 型越野汽车。

(3)开发生产矿用自卸汽车和重型载货汽车

1969年以后，上海、一汽、本溪进行矿用自卸汽车的试制、生产；安徽、南阳、丹东等地开始生产重型载货汽车。

1969年7月，根据周恩来总理关于国家急需矿用载货汽车的指示，上海汽车底盘厂试制成功上海SH380型32t和SH361型15t矿用自卸车。1971年12月，第一汽车制造厂试制成功60t矿用自卸车。

有了一汽、二汽的经验，全国各地开始积极发展汽车工业，出现了遍地开花的现象。上海、四川、陕两、安徽等地相继建成整车制造厂、零部件厂，生产轻型载货汽车、轻型客车、改装车和专用汽车。

3. 全面发展阶段（1979年至今）

1978年党的十一届三十中全会以后，在改革开放方针的指引下，中国汽车工业进入对外开放的阶段，为中国汽车工业在新世纪的腾飞奠定了坚实的基础。

这一阶段的特征是：党和政府提出要将汽车工业发展成为国民经济支柱产业；在产量不断提高的同时，加快进行产品结构调整；引进国外先进技术和资本；轿车工业迅猛发展，由此拉开了汽车进入家庭的序幕；生产集中度明显提高，汽车产量高速增长。

1987年，中央关于制订“七五”计划的建议书中提出：“根据加强交通运输建设的要求，要将汽车制造业作为重要的支柱产业，争取有一个较大的发展。”1994年7月4日，国务院发布了《汽车工业产业政策》，明确指出：到2010年我国汽车工业将成为国民经济的支柱产业，同时将“鼓励轿车进入家庭”写入了《汽车工业产业政策》，使汽车工业的发展有了更明确的方针和目标。

1987年、1988年，生产时间最长的三种载货汽车老产品开始换型，转产新解放、新跃进、新黄河。1989年6月23日，第一辆中国—斯太尔重型载货汽车在济南汽车制造总厂诞生。原第二汽车制造厂在东风EQ140型载货汽车的基础上，生产出东风EQ1092型、东风EQ1118型等新型载货汽车。1984年，上海汽车厂与德国大众签署合资协议。1984年10月10日，上海大众合营合同在北京人民大会堂签署。1985年3月21日，上海大众汽车有限公司成立，标志着中国汽车工业从此掀开了历史性的一页。

各汽车生产企业顺应时代的变化，积极进行产品结构调整。上海大众通过一期改造后，达到年产6万辆的生产能力，拥有了国内第一条高标准轿车整车生产线，使中国轿车工业确立了新的规模标准。一汽、二汽、南汽（南京汽车集团有限公司）、北二汽（北京轻型车厂）、天汽（天津汽车集团公司）、哈飞（哈尔滨哈飞汽车制造有限公司）、江西汽车、昌河、长安、吉林、汉江等汽车生产企业分别采取引进技术、工厂改造和扩大生产能力等措施，发展轻型、微型汽车（包括厢式货车和客车）。

进入20世纪90年代，一汽、二汽、北汽（北京汽车工业集团）、南汽分别建立合资轿车生产企业，“一汽大众”（中德合资）、“神龙汽车”（中法合资）、“北京吉普”（中美合资）、“南京依维柯”（中意合资）等汽车品牌相继进入路人的视线。

课题小结

1. 汽车发展史可以分为蒸汽机发明前、蒸汽汽车的问世、流水线大量生产汽车三个阶段。
2. 汽车诞生于德国，成长于法国，成熟于美国，兴旺于欧洲，挑战于日本。

思考与练习

一、填空题

1.1886 年德国工程师__________发明了三轮汽车。

2. 雷诺的________微型车在欧洲曾多次获销量第一。

3. 我国汽车工业的发展可概括为________、________和________三个阶段。

二、选择题

1. 汽车诞生在______年。

A.1885　B.1888　C.1886　D.1901

2. 世界上第一台蒸汽机驱动的汽车在________诞生。

A. 美国　B. 英国　C. 德国　D. 法国

3.1769 年法国陆军工程师尼古拉斯·古诺制造出第一辆________汽车。

A. 内燃机　B. 四轮汽车　C. 三轮汽车　D. 蒸汽驱动

4. 世界上第一个女驾驶员是________。

A. 贝尔塔·林格尔　B. 梅赛德斯·叶里尼　C. 杜兰特　D. 本特利

5.________最先拥有汽车驾驶证，也是世界上第一张驾驶证。

A. 梅赛德斯·叶里尼　B. 贝尔塔·林格尔　C. 卡尔·本茨　D. 戴姆勒

三、简答题

1. 美国福特 T 型汽车对美国普及汽车有何意义？

2. 日本汽车工业是怎样崛起的？

3. 新中国制造的第一辆汽车是什么品牌？是何时、何企业制造的？

4. 简述中国汽车工业发展的特点和未来发展趋势。

课题二

汽车基础知识

[课前摘要]

学习课题	汽车基础知识	班级		日期	
学习目标	完成本课题学习后，你应能： 1. 能够叙述汽车的分类。 2. 能够分辨出你所见汽车的类型。 3. 知道 VIN 码的识读方法。 4. 知道不同用途的汽车其性能的区别。				
参考资料	教学资源　图书　网络资源				
课题任务	学前预习				
	1. 汽车的分类	1. 汽车的分类方法都有哪些？ 2. 按照不同的分类方法，同一类汽车又有什么级别之分？			
	2. 汽车的编号	1. 什么是汽车的 VIN 码？ 2.VIN 各数字代表着什么意义？ 3. 怎样看出一辆车的生产年份？			
	3. 汽车的使用性能	1. 汽车的使用性能都包含哪些？ 2. 如果你要挑选车辆，主要看重车辆的那部分性能，为什么？			
备注					

任务一　汽车的分类

汽车是由自身的动力装置驱动，具有 4 个或 4 个以上车轮的非轨道承载车辆，其主要用途是载运人员或货物。

一、我国汽车的分类

汽车的类型较多，分类方法也很多，通常可按其用途、驱动动力、驱动方式、行驶道路条件、乘客座位数及汽车总质量等实行分类。下面我们选择前面的三种进行介绍。

1. 按用途分类

按用途不同，汽车分为普通运输汽车、专用汽车和特殊用途汽车等类型。

（1）普通运输汽车

普通运输汽车可分为轿车、客车和货车，并按照各自的主要特征参数分级，即轿车按照发动机的工作容积（排量）、客车按照车辆的总长度、货车按照汽车的总质量分级。

① 轿车

轿车是供个人使用的、载运少量乘员（2 ~ 9人）的汽车，其分级见表 2-1。

表 2-1 轿车的分级

轿车分级	发动机工作容积（排量）/L	图例
微型轿车	小于或等于 1.0	图 2-1
普及型轿车	1.0 ~ 1.6（包含）	图 2-2
中级轿车	1.6 ~ 2.5（包含）	图 2-3
中高级轿车	2.5 ~ 4.0（包含）	图 2-4
高级轿车	大于 4.0	图 2-5

图 2-1 奇瑞 QQ 微型轿车

图 2-2 捷达普及型轿车

图 2-3 桑塔纳中级轿车

图 2-4 别克君威中高级轿车

图 2-5 红旗元首级 HQE 高级轿车

② 客车

客车是供公共服务用的、载运较多乘员（9 人以上）的汽车，其分级见表 2-2。

表 2-2 客车的分级

客车分级	车辆总长度 /m	图例
微型客车	小于或等于 3.5	图 2-6
轻型客车	3.5 ～ 7.0（包含）	图 2-7
中型客车	7.0 ～ 10（包含）	图 2-8
大型客车	10 ～ 12（包含）	图 2-9
特大型客车	指铰接式客车与双层客车	图 2-10、图 2-11

图 2-6 长安之星 6350 型微型客车

图 2-7 沈阳金杯轻型客车

图 2-8 金龙海格 H8 中型客车

图 2-9 郑州宇通大型客车

图 2-10 中大 VCK6140HG 特大型高档客车

图 2-11 京华 BK6141D 特大型铰接客车

③ 货车

货车是用于载运货物的运输汽车，其分级见表 2-3。

表 2-3 货车的分级

货车分级	汽车总质量 /t	图例
微型货车	小于或等于 1.8	图 2-12
轻型货车	1.8 ～ 6.0（包含）	图 2-13
中型货车	6.0 ～ 14（包含）	图 2-14
重型货车	大于 14	图 2-15

图 2-12 长安星卡微型货车

图 2-13 东风多利卡轻型货车

图 2-14 东风中型厢式货车

图 2-15 陕汽德龙重型货车

现行国家标准《GB/T3730.1–2001 汽车和挂车类型的术语和定义》（替代 GB/T3730.1–1988）将汽车分为乘用车和商用车两大类。所谓乘用车（passenger car）是指在设计和技术特性上主要用于载运乘客及其随身行李和临时物品的汽车，包括驾驶员座位在内最多不超过 9 个座位，它也可以牵引一辆挂车。乘用车包括普通乘用车、活顶乘用车、高级乘用车、小型乘用车、敞篷车、舱背乘用车（这 6 种俗称轿车）、旅行车、多用途乘用车（MPV）、短头乘用车、越野乘用车、专用乘用车（旅居车、防弹车、救护车和殡仪车）等。

现行国家标准《GB/T3730.1–2001 汽车和挂车类型的术语和定义》是依据国际标准（ISO3833）制定的，实现了与国际接轨。同时，废除了“轿车”的提法，改称为“乘用车”，使汽车回复到代步工具的本真地位，也有助于消除“人分高低贵贱”的传统等级观念，促进社会和谐。

现行国家标准对乘用车的详细分类见表 2–4。

表 2–4 乘用车的分类

序号	术语	定　义
1	普通乘用车	车身：封闭式，侧窗中柱有或无 车顶（顶盖）：固定式，硬顶。有的顶盖一部分可以开启 座位：4 个或 4 个以上座位，至少两排 后座椅可折叠或移动，以形成装载空间 车门：2 个或 4 个侧门，可有一后开启门
2	活顶乘用车	车身：具有固定侧围框架的可开启式车身。可开启式车身可以通过使用一个或数个硬顶部件和（或）合拢软顶将开启的车身关闭 车顶（顶盖）：车顶为硬顶或软顶，至少有两个位置：1. 封闭；2. 开启或拆除 座位：4 个或 4 个以上座位，至少两排 车门：2 个或 4 个侧门 车窗：4 个或 4 个以上侧窗
3	高级乘用车	车身：封闭式。前后座之间可以设有隔板 车顶（顶盖）：固定式，硬顶。有的顶盖一部分可以开启 座位：4 个或 4 个以上座位，至少两排。后排座椅前可安装折叠式座椅 车门：4 个或 6 个侧门，也可有一个后开启门 车窗：6 个或 6 个以上侧窗
4	小型乘用车	车身：封闭式，通常后部空间较小 车顶（顶盖）：固定式，硬顶。有的顶盖一部分可以开启 座位：2 个或 2 个以上的座位，至少一排 车门：2 个侧门，也可有一个后开启门 车窗：2 个或 2 个以上侧窗
5	敞篷车	车身：可开启式 车顶（顶盖）：车顶可为软顶或硬顶，至少有两个位置：第一个位置遮覆车身；第二个位置车顶卷收或可拆除 座位：2 个或 2 个以上的座位，至少一排 车门：2 个或 4 个侧门 车窗：2 个或 2 个以上侧窗
6	舱背乘用车	车身：封闭式，侧窗中柱可有可无 车顶（顶盖）：固定式，硬顶。有的顶盖一部分可以开启 座位：4 个或 4 个以上座位，至少两排。后座椅可折叠或可移动，以形成一个装载空间 车门：2 个或 4 个侧门，车身后部有一舱门
7	旅行车	车身：封闭式。车尾外形按可提供较大的内部空间设计 车顶（顶盖）：固定式，硬顶。有的顶盖一部分可以开启 座位：4 个或 4 个以上座位，至少两排。座椅的一排或多排可拆除，或装有向前翻倒的座椅靠背，以提供装载平台 车门：2 个或 4 个侧门，并有一后开启门 车窗：4 个或 4 个以上侧窗

续表

序号	术语	定 义
8	多用途乘用车	上述序号 1 ~ 7 车辆以外的，只有单一车室载运乘客及其行李或物品的乘用车。但是，如果这种车辆同时具有下列两个条件，则不属于乘用车： 条件 1：除驾驶员以外的座位数不超过 6 个；只要车辆具有可使用的座椅安装点，就应算“座位”存在 条件 2：$P-(M+N\times 68)>N\times 68$ 式中：P——最大设计总质量 M——整车整备质量与 1 位驾驶员身体质量之和 N——除驾驶员以外的座位数
9	短头乘用车	一种乘用车，它一半以上的发动机长度位于车辆前风窗玻璃最前点以后，并且方向盘的中心位于车辆总长的前四分之一部分内
10	越野乘用车	在其设计上所有车轮同时驱动（包括一个驱动轴可以脱开的车辆），或其几何特性（接近角、离去角、纵向通过角，最小离地间隙）、技术特性（驱动轴数、差速锁止机构或其他型式机构）和它的性能（爬坡度）允许在非道路上行驶的一种乘用车
11	专用乘用车	运载乘员或物品并完成特定功能的乘用车，它具备完成特定功能所需的特殊车身和（或）装备。例如：旅居车、防弹车、救护车、殡仪车等
	旅居车	旅居车是一种至少具有下列生活设施结构的乘用车： 一座椅和桌子 一睡具，可由座椅转换而来 一炊事设施 一储藏设施
	防弹车	用于保护所运送的乘员和（或）物品并符合装甲防弹要求的乘用车
	救护车	用于运送病人或伤员并为此目的配有专用设备的乘用车
	殡仪车	用于运送死者并为此目的配有专用设备的乘用车

注：定义中的车窗指一个玻璃窗口，它可由一块或几块玻璃组成（例如通风窗为车窗的一个组成部分）。

所谓商用车（commercial vehicle）是指在设计和技术特性上用于运送人员和货物的汽车，并且可以牵引挂车。商用车包括客车（小型客车、城市客车、长途客车、旅游客车、铰接客车、无轨电车、越野客车、专用客车）、半挂牵引车、货车（普通货车、多用途货车、全挂牵引车、越野货车、专用作业车、专用货车）等。

现行国家标准对商用车的详细分类见表 2-5。

表 2-5 商用车的分类

序号	术语	定 义
1	客车	在设计和技术特性上用于载运乘客及其随身行李的商用车辆，包括驾驶员座位在内座位数超过 9 座。客车有单层的或双层的，也可牵引一挂车
	小型客车	用于载运乘客，除驾驶员座位外，座位数不超过 16 座的客车
	城市客车	一种为城市内运输而设计和装备的客车。这种车辆设有座椅及站立乘客的位置，并有足够的空间供频繁停站时乘客上下车走动用
	长途客车	一种为城市间运输而设计和装备的客车。这种车辆没有专供乘客站立的位置，但在其通道内可载运短途站立的乘客
	旅游客车	一种为旅游而设计和装备的客车。这种车辆的布置要确保乘客的舒适性，不载运站立的乘客
	铰接客车	一种由两节刚性车厢铰接组成的客车。在这种车辆上，两节车厢是相通的，乘客可通过铰接部分在两节车厢之间自由走动。两节刚性车厢永久联结，只有在工厂车间使用专用的设施才能将其拆开
	无轨电车	一种经架线由电力驱动的客车。这种电车可指定用作多种用途
	越野客车	在其设计上所有车轮同时驱动（包括一个驱动轴可以脱开的车辆）或其几何特性（接近角、离去角、纵向通过角、最小离地间隙）、技术特性（驱动轴数、差速锁止机构或其他型式机构）和它的性能（爬坡度）允许在非道路上行驶的一种车辆
	专用客车	在其设计和技术特性上只适用于需经特殊布置安排后才能载运人员的车辆
2	半挂牵引车	装备有特殊装置用于牵引半挂车的商用车辆

续表

序号	术语	定义
3	货车	一种主要为载运货物而设计和装备的商用车辆，它能否牵引一挂车均可
	普通货车	一种在敞开（平板式）或封闭（厢式）载货空间内载运货物的货车
	多用途货车	在其设计和结构上主要用于载运货物，但在驾驶员座椅后带有固定或折叠式座椅，可运载 3 个以上的乘客的货车
	全挂牵引车	一种牵引牵引杆式挂车的货车。它本身可在附属的载运平台上运载货物
	越野货车	在其设计上所有车轮同时驱动(包括一个驱动轴可以脱开的车辆)或其几何特性(接近角、离去角、纵向通过角、最小离地间隙)、技术特性（驱动轴数、差速锁止机构或其他型式的机构）和它的性能（爬坡度）允许在坏路上行驶的一种车辆
	专用作业车	在其设计和技术特性上用于特殊工作的货车。例如：消防车、救险车、垃圾车、应急车、街道清洗车、扫雪车、清洁车等
	专用货车	在其设计和技术特性上用于运输特殊物品的货车。例如：罐式车、乘用车运输车、集装箱运输车等

（2）专用汽车

专用汽车是用基本车型改装，装上专用设备或装置，完成某种或某些专门作业任务的汽车。按其用途可分作业型专用汽车和运输型专用汽车。

① 作业型专用汽车

作业型专用汽车是指在汽车上安装各种特殊设备进行特定作业的汽车。例如：公安消防车（图 2–16）、广播电视转播车（图 2–17）、商业售货车、医疗救护车、环卫环保作业车、市政建设工程作业车、农牧副渔作业车、石油地质作业车、机场作业车等。

图 2–16 公安消防车

图 2–17 广播电视转播车

② 运输型专用汽车

运输型专用汽车是车身经过改装，用来运输专门货物的汽车。例如：运输易污货物的封闭式车厢货车、运输易腐食品的冷藏车厢货车、运输砂土矿石的自卸汽车（图 2–18）、运输流体或粉状固体的罐车（图 2–19）。此外，还有挂车、半挂车、集装箱货车等。

图 2–18 自卸汽车

图 2–19 混凝土输送车

（3）特殊用途汽车

① 竞赛汽车

竞赛汽车（图 2–20）是按照特定的竞赛规范而设计或改装的汽车。在进行竞赛时，竞赛汽车各种零部件的性能都将经受极其严峻的考验，因而竞赛汽车都经过精心的设计，并集中使用了大量高新科技成果。

② 娱乐汽车

随着人民生活水平的提高，要求汽车不仅满足运输需要，而且还要满足精神生活的需要。娱乐汽车的例子如：装备卧具和炊具的旅游汽车（流动住房）、高尔夫球场专用汽车（图 2–21）、海滩游玩汽车等。

图 2-20 法拉利 F1 赛车

图 2-21 高尔夫球场专用汽车

2. 按照驱动动力分类

车辆可以按照驱动动力类型进行分类，如图 2-22 所示。

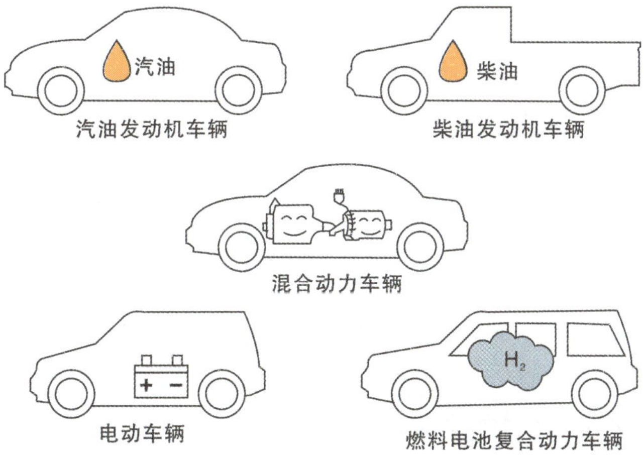

图 2-22 按照驱动动力类型分类

（1）汽油发动机车辆（图 2-23）

这类车辆使用汽油发动机。因为汽油发动机可以产生高功率、外形紧凑，广泛用于轿车。类似的发动机包括 CNG（压缩天然气）发动机、LPG（液化石油气）发动机和酒精发动机。

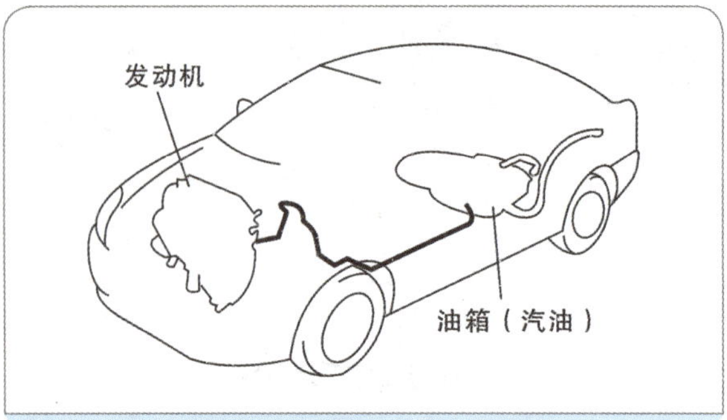

图 2-23 汽油发动机车辆

（2）柴油发动机车辆（图 2-24）

这类车辆使用柴油发动机。因为柴油发动机可以产生大转矩，燃油经济性好，广泛用于载货汽车和 SUV（多功能运动车）。

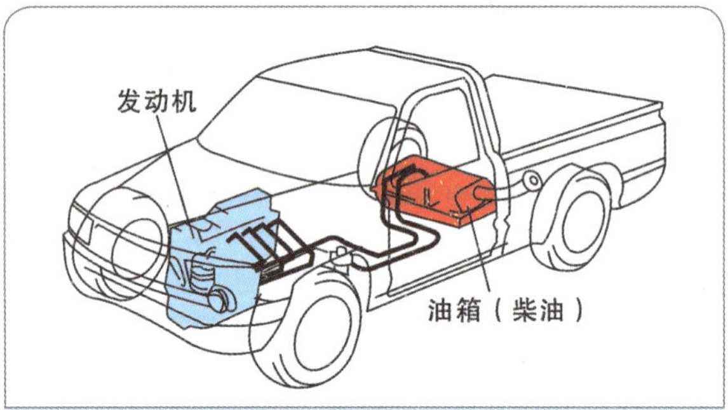

图 2-24 柴油发动机车辆

（3）混合动力车辆（图 2-25）

这种类型的车辆同时装备不同类型的驱动动力装置，如：汽油发动机和电动机。因为汽油发动机可以发电，因此，这类车辆是不需要用电池充电的外接电源。车轮驱动系统使用 270V 电压，其他系统使用 12V 电压。

例如，在车辆低速运行时，使用能够产生高动力的电动机运转方式；而车辆加速时，汽油发动机在较高转速下以更高效的方式运转。通过这样的方式转换，实现两种动力类型的最佳利用，可以提高效率、减少废气排放、节约燃料。

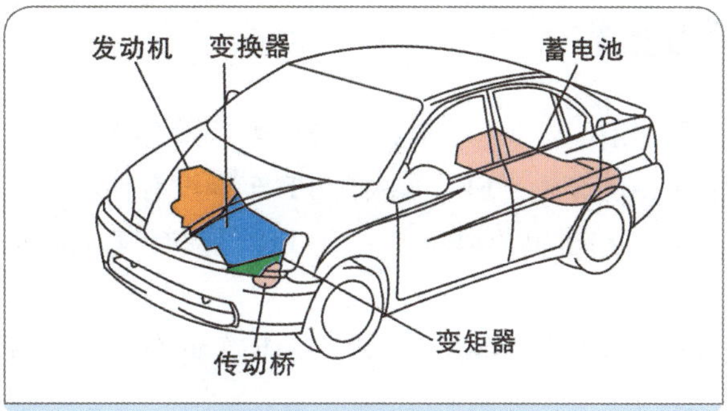

图 2-25 混合动力车辆

（4）电动车辆（EV）（图 2-26）

这种类型的车辆使用电池电源运行电动机，电池需要充电。但它具有许多优点，如节约燃油资源、操作期间无废气排放、低噪声等。车轮驱动系统使用 290V 电压，其他电气系统使用 12V 电压。

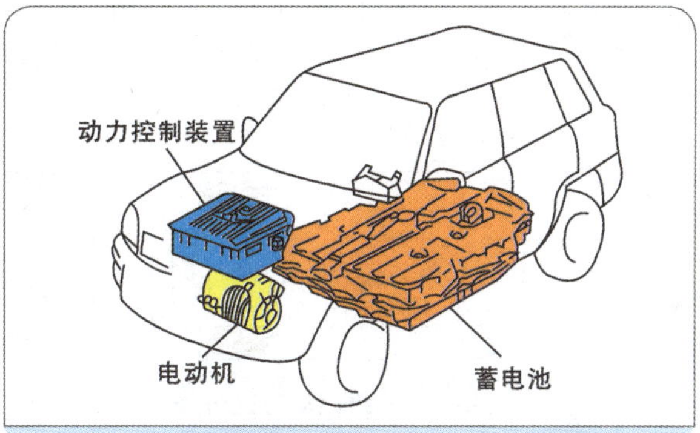

图 2-26 电动车辆

（5）燃料电池复合动力车辆（FCHV）（图 2-27）

这种电动车辆使用的电能来自氢燃料与空气中氧的化学反应。由于此化学反应仅形成水，因此被认为是低污染车辆的最终形式。预计燃料电池将成为下一代车辆的主要驱动动力。

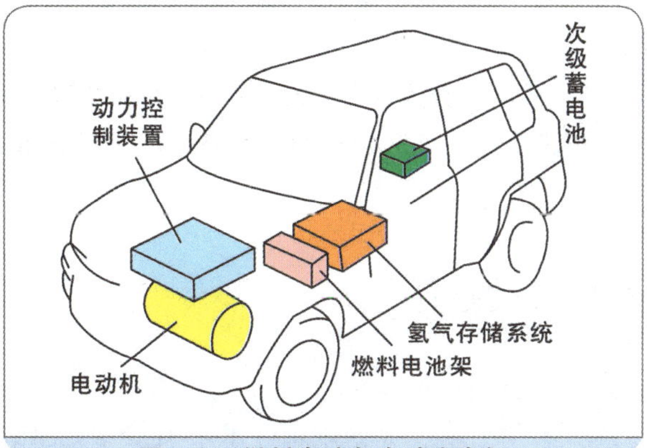

图 2-27 燃料电池复合动力车辆

3. 按照驱动方式分类

车辆可通过发动机、驱动轮位置及驱动轮数量来分类（图 2-28）。

（1）发动机前置，前轮驱动车辆（FF）。由于 FF 车辆没有传动轴，故乘员室内宽敞、舒适。

（2）发动机前置，后轮驱动车辆（FR）。由于 FR 车辆有较好的重平衡，故其控制性和稳定性都很好。

（3）发动机中置，后轮驱动车辆（MR）。由于 MR 车辆在前桥和后桥上有较好的重平衡，故其控制性很好。

（4）发动机后置，后轮驱动车辆（RR）。由于 RR 车辆没有传动轴，且发动机置于车辆后方，故具有室内噪声低，有利于车身内部布置等优点。

（5）四轮驱动车辆（4WD）。由于 4WD 车辆的 4 个车轮均为驱动车轮，在较差的路况下行驶，其稳定性很好。

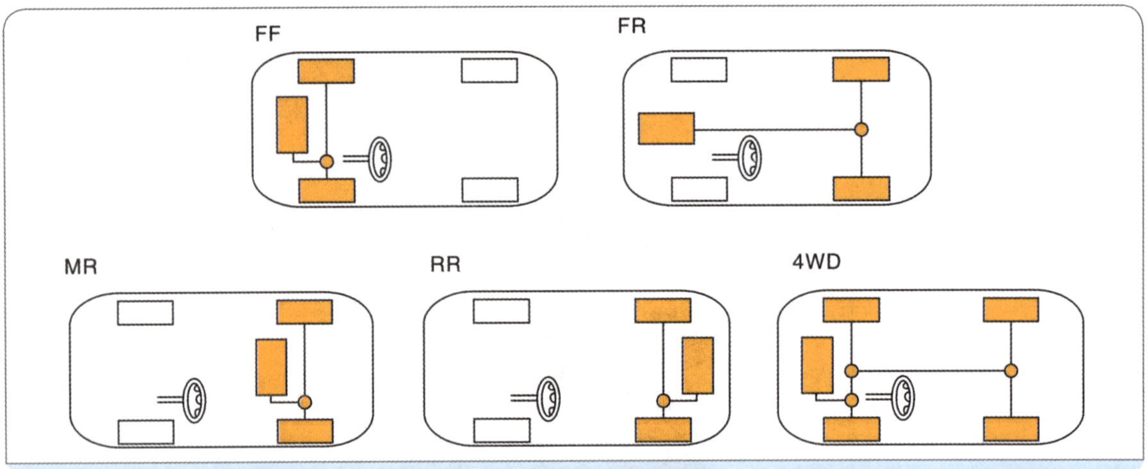

图 2-28 按照驱动方式分类

二、国外汽车的分类

1. 欧系汽车的分类

目前，也有许多欧洲的汽车公司按照排量或者轴距对乘用汽车进行分类。其中，以德国大众的轿车分类法最具代表性。

在欧系分类法中，通常把乘用汽车分为 A、B、C、D、E、F 和 G 级。其等级划分主要依据轴距、排量、重量等参数，字母顺序越靠后，该级别车的轴距越长、排量和重量越大，轿车的豪华程度也越高。

（1）A 级车（包括 AO、AOO）

A 级车（包括 AO、AOO）是指小型轿车。

AOO 级轿车的轴距应为 2 ~ 2.2m，发动机排量小于 1L，例如奥拓、奇瑞 QQ、通用五菱

SPARK（图 2-29）就属于 AOO 级轿车。

AO 级轿车的轴距为 2.2 ~ 2.3m，排量为 1 ~ 1.3L，比较典型的是两厢夏利轿车。一般所说的 A 级车其轴距为 2.3 ~ 2.45 m，排量为 1.3 ~ 1.6L，德国大众的捷达、POLO（图 2-30）都算得上 A 级车当中的明星。

图 2-29 通用五菱 SPARK

图 2-30 POLO

（2）B 级车

B 级车是中档轿车。B 级车轴距为 2.45 ~ 2.6m，排量为 1.6 ~ 2.4L。

近年来，B 级车市场逐渐成为国内汽车企业拼杀的主战场，奥迪 A4（图 2-31）、帕萨特、中华骏捷、东方之子等众多车型均属于 B 级车阵营。

图 2-31 奥迪 A4

（3）C 级车

C 级车是高档轿车。C 级车的轴距为 2.6 ~ 2.8m，发动机排量为 2.3 ~ 3.0L，国内名气最大的 C 级车非奥迪 A6L（图 2–32）莫属。

图 2–32 奥迪 A6L

（4）D 级车

D 级车指的是豪华轿车。D 级车大多外形气派，车内空间极为宽敞，发动机动力也非常强劲，其轴距一般均大于 2.8 m，排量基本都在 3.0L 以上。

目前，常见的 D 级车有奔驰 S 系列、宝马 7 系（图 2–33）、奥迪 A8 和劳斯莱斯、宾利等几个品牌的车型。

图 2–33 宝马 760

（5）E 级车

E 级车为高级车，如奔驰 E 级、E280（图 2–34）和 E200K。

（6）F 级车

F 级车一般为赛车，如宝马索伯车队的 F1 赛车 BMW Sauber F1.08（图 2–35）。

图 2-34 奔驰 E280

图 2-35 BMW Sauber F1.08

2. 按照设计理念分类

近年来，汽车设计理念发生了很大的变化和进步。除上述分类方法之外，按汽车设计理念不同，还可以分为 PICK-UP、SUV、CUV、SRV 等等，下面逐一加以介绍。

(1) PICK-UP

PICK-UP 即皮卡，又名轿卡（俗称半截美）。顾名思义，亦轿亦卡，是一种采用轿车车头和驾驶室，同时带有敞开式货车车厢的车型。其特点是既有轿车般的舒适性，又不失动力强劲，而且比轿车的载货和适应不良路面的能力更强。

最常见的皮卡车型是双排座皮卡（图 2-36），这种车型目前保有量最大，也是人们在市场上见得最多的皮卡。

图 2-36 双排座皮卡

（2）SUV

SUV 的全称是 Sport Utility Vehicle，即运动型多用途车，20 世纪 80 年代起源于美国，是为迎合年轻白领阶层的爱好而在皮卡底盘上发展起来的一种厢式车。

SUV 离地间隙较大，在一定程度上既有轿车的舒适性又有越野车的越野性能。《福布斯》杂志评选的 2007 年度十佳 SUV 有凯迪拉克 Escalade（图 2-37）、陆虎 Range Rover（图 2-38）、荷兰的世爵 D12、本田阿库拉 MDX、别克 Enclave 等。

图 2-37 凯迪拉克 Escalade

图 2-38 陆虎 Range Rover

（3）CRV

CRV 是本田的一款车，国产的版本叫作东风本田 CR-V（图 2-39），取英文 City Recreation Vehicle 之意，即城市休闲车。

（4）SRV

SRV 的英文全称是 Small Recreation Vehicle，意为小型休闲车，一般指两厢轿车，比如吉利豪情 SRV（图 2-40）和上海通用赛欧 SRV（图 2-41）。

图 2-39 本田 CR-V

图 2-40 吉利豪情 SRV

图 2-41 赛欧 SRV

（5）RAV

RAV 源于丰田的一款小型运动型车 RAV4（图 2-42）。丰田公司的解释是，Recreational（休闲）、Activity（运动）、Vehicle（车），缩写就成了 RAV，又因为车是四轮驱动所以又加了个 4。

图 2-42 丰田 RAV4

（6）HRV

HRV 源于上海通用别克凯越 HRV 轿车（图 2-43），取 Healthy（健康）、Recreational（休闲）、Vigorous（活力）之意，是一个全新的汽车设计概念。

图 2-43 别克凯越 HRV

（7）MPV

MPV 的英文全称是 Multi-Purpose Vehicle，即多用途汽车。

它集轿车、旅行车和厢式货车的功能于一身，车内每个座椅都可调整，并有多种组合方式。例如，将中排座椅靠背翻下即可变为桌台，前排座椅可做 180° 回转调节等。

长城 2.0L MPV 嘉誉（图 2-44）、金杯阁瑞斯、上海通用 GL8（图 2-45）、普力马、奥德赛等都属于 MPV。

图 2-44 长城 2.0L MPV 嘉誉

图 2-45 上海通用 GL8

近年来，MPV 趋向于小型化，并出现了所谓的 S-MPV，S 是小（Small）的意思，车身紧凑，一般为 5 ~ 7 座。江西昌河北斗星（图 2-46）是 S-MPV 的典型代表。

图 2-46 北斗星

(8) CUV

CUV 是英文 Car-Based Utility Vehicle 的缩写，是以轿车底盘为设计平台，融轿车、MPV 和 SUV 特性为一体的多用途车，也称为 Crossover。

CUV 最初在 20 世纪末起源于日本，之后在北美、西欧等地区流行，开始成为崇尚既有轿车驾驶感受和操控性，又有多用途运动车的功能，喜欢 SUV 的粗犷外观，同时也注重燃油经济性与兼顾良好的通过性的这类汽车用户的最佳选择。

三菱欧蓝德（Outland，图 2-47）和长城哈弗（图 2-48）都是典型的 CUV。

图 2-47 三菱欧蓝德

图 2-48 长城哈弗

(9) NCV

NCV 的英文全称是 New Concept Vehicle，即新概念轿车。NCV 以轿车底盘为平台，兼顾了轿车的舒适性和 SUV 的越野性。

奇瑞瑞虎（图 2-49）和黄海法萨特（图 2-50）都属于 NCV。作为新概念轿车，NCV 比家用轿车的使用范围更广。

图 2-49 奇瑞瑞虎

图 2-50 黄海法萨特

（10）RV

RV 的英文全称是 Recreation Vehicle，即休闲车，是一种适用于娱乐、休闲、旅行的汽车，首先提出 RV 汽车概念的国家是日本。

RV 的覆盖范围比较广泛，没有严格的界定。从广义上讲，除了轿车和跑车外的轻型乘用车，如 MPV 及 SUV、CUV 等都可归属于 RV。

如图 2-51 所示的宝马 BMW X5 就是一款相当出色的 RV。

图 2-51 宝马 BMW X5

任务二　汽车的编号

在汽车上使用汽车的编号是各国政府为了管理机动车辆而实施的一项强制性规定。有了产品型号就可以使用计算机对车辆进行检索，在处理交通事故、开展交通事故保险赔偿、破获车辆盗窃案件等方面具有重要作用。

汽车产品的编号分为汽车产品编号和车辆识别代码两种形式。前者主要用来表明汽车的厂牌、类型和主要特征参数等，目前我国关于汽车产品编号的规则主要依据 1988 年颁布的国家标准 GB 9417-1988《汽车产品编号规则》；后者则按照国家标准化组织制定的统一规则，在世界范围内对车辆编制唯一识别身份的代码。

一、汽车产品编号

根据国家标准规定，汽车产品编号由企业名称代号、车辆类别代号、主参数序号、产品序号和企业自定代号五部分组成，用汉语拼音字母和阿拉伯数字表示（图 2-52）。

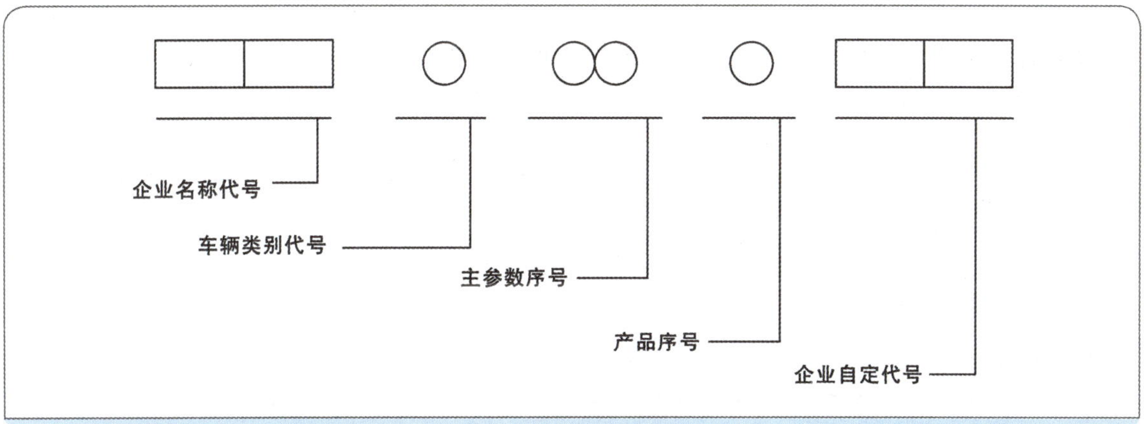

图 2-52 汽车产品编号

1. 企业名称代号

企业名称代号用 2 ~ 3 位字母表示，是制造该车型的企业名称。如：“CA”表示长春一汽；“EQ”表示东风汽车公司；“NJ”表示南京汽车厂；“TJ”表示天津汽车制造厂；“SVW”表示上海大众；“HG”表示广州本田；“CAF”表示长安福特；“DC”表示东风雪铁龙；“SGM”表示上海通用等。

2. 车辆类别代号

车辆类别代号采用 1 位阿拉伯数字表示，各数字所代表的汽车类型见表 2-6。

表 2-6 汽车类别代号

车型	载货汽车	越野汽车	自卸汽车	牵引汽车	专用汽车	客车	轿车	半挂车
代号	1	2	3	4	5	6	7	9

3. 主参数代号

主参数代号设有两位，用以表示汽车最重要的数据，不同类型的汽车主参数代号有不同的含义。

对于载货汽车、越野汽车、自卸汽车、牵引汽车、专用汽车及半挂车来说，主参数代号为车辆的总质量，单位为吨（t），只取整数部分。当总质量在 100t 以上时，允许用 3 位数字表示。

客车的主参数代号为其总长度，单位为 0.1m。如大客车总长度为 8.46m，其主参数代号为 84。

轿车的主参数代号为其发动机的排量，单位为 0.1L。如发动机排量为 1.36L，其主参数代号为 13。

4. 产品序号

产品序号是生产厂家用来区别本厂生产的同类型、同参数但不同产品系列或经过改进后的产品，用 1 位数字表示。一般用 0 表示第一代，经过一次较大改进后，用 1 表示第二代，其余类推。

5. 企业自定代号

企业自定代号由企业决定，既可以用字母，也可以用数字表示，表示的内容也比较灵活，都是该产品最突出的特征，如发动机代号、驾驶室代号、轴距代号等。代号的具体含义由企业定义。

汽车产品编号举例：

BJ2020S：BJ 代表北京汽车制造厂，2 代表越野车，02 代表该车总质量为 2t，0 代表该车为第一代产品，S 为企业自定义。

TJ7131U：TJ 代表天津汽车制造厂，7 代表轿车，13 代表发动机排量为 1.3L，1 代表该车为第二代产品，U 为企业自定义。

CA1091：表示一汽集团制造的载货汽车，总质量为 9t，是同类车型的第二系列。

EQ2090：表示东风汽车公司生产的越野汽车，总质量为 9t，是同类车型的第一系列。

TJ7100：表示天津汽车制造厂生产的轿车，发动机排量为 1.0L，是同类车型的第一系列。

二、车辆识别代码（VIN）

车辆识别代码简称 VIN（Vehicle Identification Number），由一组 17 位字母和阿拉伯数字组成，用以识别车辆身份。车辆识别代码在世界范围内可以确保 30 年无重号，从而成为汽车的唯一识别符（图 2-53）。

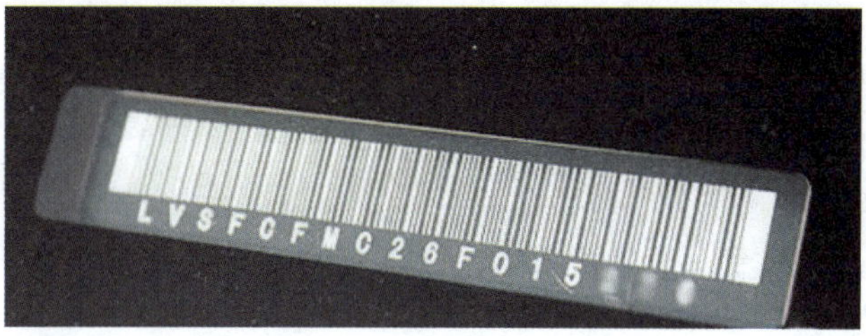

图 2-53 车辆识别代码

1.VIN 的含义

VIN 由世界制造厂识别代码（WMI）、车辆描述码（VDS）和车辆指示码（VIS）三部分组成。

（1）世界制造厂识别代码（WMI）

世界制造厂识别代码用来标识车辆制造厂的唯一性，通常占车辆识别代码（VIN）的前三位。

第一个字符是表示地理区域，如非洲、亚洲、欧洲、大洋洲、北美洲和南美洲。

第二个字符表示一个特定地区内的一个国家。美国汽车工程师协会（SAE）负责分配国家代码。

第三个字符表示某个特定的制造厂，由各国的授权机构负责分配。如果某制造厂的年产量少于 500 辆，其识别代码的第三个字码为 9。

国内常见汽车制造厂家的 WMI 编号：

LSV——上海大众；LFV——一汽大众；LDC——神龙富康；LEN——北京吉普；LHG——广州本田；LHB——北汽福田；LKD——哈飞汽车；LS5——长安汽车；LSG——上海通用。

（2）车辆描述码（VDS）

说明车辆的一般特性，由车辆识别代码（VIN）的第 4 ~ 9 位共六位字符组成。如果制造厂不用其中的一位或几位字符，应在该位置填入选定的字母或数字占位。此部分应能识别车辆的一般特征，其代码顺序由制造厂决定。

①第 4 ~ 8 位（VDS）：表示车辆特征。

轿车：包含种类、系列、车身类型、发动机类型及约束系统类型信息。

MPV：包含种类、系列、车身类型、发动机类型及车辆额定总质量的信息。

载货汽车：包含型号或种类、系列、底盘、驾驶室类型、发动机类型、制动系统及车辆额定总质量信息。

客车：包含型号或种类、系列、车身类型、发动机类型及制动系统信息。

②第 9 位：校验位，通过一定的算法防止输入错误。

（3）车辆指示码（VIS）

制造厂为了区别不同车辆而指定的一组字符，车辆指示码部分由车辆识别代码（VIN）的后八位字符组成，其最后四位字符应是数字。

①第 10 位：车型年份，即厂家规定的型年（Model Year），不一定是实际生产的年份，但一般与实际生产的年份之差不超过 1 年。

②第 11 位：装配厂。

③第 12 ~ 17 位：顺序号，一般情况下，汽车召回都是针对某一顺序号范围内的车辆，即某一批次的车辆。

2.VIN 的常见位置

（1）除挂车和摩托车外，标牌应固定在门铰链柱、门锁柱或与门锁柱接合的门边之一的柱子上，接近驾驶员座位的地方；如果没有这样的地方可利用，则固定在仪表板的左侧，或固定在车门内侧靠近驾驶员座位的地方。

（2）标牌的位置应是除了外面的车门外，不移动车辆的任何零件就可以容易读出的地方。

（3）我国轿车的 VIN 大多可以在仪表板左侧、风窗玻璃下面找到（图 2–54）。

图 2–54 VIN 的常见位置

3. 举例

如桑塔纳的 VIN：L S V H J 1 3 3 0 2 2 2 2 1 7 6 1

（1）第 1 ~ 3 位

世界制造厂识别代码。LSV——上海大众汽车有限公司。

（2）第 4 位

车身型式代码。

A——4 门折背式车身；B——4 门直背式车身；C——4 门加长型折背式车身（无天窗）；E——4 门加长型折背式车身（无天窗）GP Ⅱ；F——4 门短背式车身；H——4 门加长型折背式车身（GP Ⅲ）；K——2 门短背式车身。

（3）第 5 位

发动机 / 变速器代码。

①车型系列：上海大众桑塔纳轿车、上海大众桑塔纳旅行轿车、上海大众桑塔纳 2000 轿车。

A——JV(026A)/AHM(014.K); B——JV(026A)+LPG/AHM(014.K); C——JV(026A)/2P

（013.9）；D——JV（026A）+LPG/2P（013.9）；E——JV（026A）-4-CNG/2P（013.9）；F——AFE（026N）/2P（013.9）；G——AYF（050B）/QJ（013. 3）；H——AJR（06BC）/2P（013.9）；J——AYJ（06BC）/FNV（01N.A）；K——AFE（026N）-4-LPG/2P（013.9）；L——AYF（050B）+LPG/QJ（013.3）；M——AYJ（06BC）+LPG/2P（013.9）。

②车型系列：上海大众帕萨特轿车（PASSAT）。

A——ANQ（06BH）/DWB（01W.D）[FSN（0A9.A）]; B——ANQ（06BH）/DMU（01N.A）; C——AWL（06BA）/EZS（01V.J）；D——AWL（06BA）/EMG（01W.V）；E——BBG（078.2）/EZY（01V.B）；L—BGC（06BM）/EZS（01V.J）；M——BGC（06BM）/EMG（01W.V）。

③车型系列：上海大众波罗轿车（POLO）。

A——BCC（036P）/GET（02T.Z）[FCU（02T.Z）]；B——BCC（036P）/GCU（001.H）[ESK（001.H）]；C——BCD（06A6）/GEV（02T.U）[FXP（02T.U）]。

④车型系列：上海大众高尔轿车（GOL）。

A——BHJ（050.C）/GPJ（013.D）。

（4）第6位：乘员保护系统代码

0——安全带；1——安全气囊（驾驶员）；2——安全气囊（驾驶员和副驾驶员、前座侧面）；3——安全气囊（驾驶员和副驾驶员、前后座侧面）；4——安全气囊（驾驶员和副驾驶员）；5——安全气囊（驾驶员和副驾驶员、前后座侧面、头部）；6——安全气囊（驾驶员和副驾驶员、前座侧面、头部）。

（5）第7～8位：车辆等级代码

33——上海大众桑塔纳轿车、上海大众桑塔纳旅行轿车、上海大众桑塔纳2000轿车；9F——上海大众帕萨特轿车；9J——上海大众波罗轿车；5X——上海大众高尔轿车。

（6）第9位

校验位：0～9中任何一数字或字母“X”。

（7）第10位

年份代码：B——1981；C——1982；D——1983；E——1984；F——1985；G——1986；H——1987；J——1988；K——1989；L——1990；M——1991；N——1992；P——1993；R——1994；S——1995；T——1996；V——1997；W——1998；X——1999；Y——2000；1——2001；2——2002；3——2003；4——2004；5——2005；6——2006；7——2007；8——2008；9——2009；A——2010。

（8）第 11 位

装配厂代码。

（9）第 12 ~ 17 位

车辆制造顺序号。

该 VIN 的含义是：2002 年，上海大众汽车有限公司生产的桑塔纳 2000 型轿车，该车配备 AYJ 发动机，FNV（01N.A）自动变速器，出厂编号是 221761。

课题小结

1. 汽车可以用多种方式进行分类。
2. 汽车产品的编号分为汽车产品编号和车辆识别代码两种形式。

思考与练习

一、填空题

1. 汽车是由__________装置驱动，具有______或______以上车轮的____________车辆，其主要用途是载运________或_________。

2. 普通运输汽车可分为________、_________和_________，并按照各自的主要特征参数分级。

3. 车辆可以按照驱动力类型分为：_________、_________、_________、_________、燃料电池复合动力车辆。

4、车辆识别代号由：_________、_________和_________三部分组成。

二、判断题（对的画“√”，错的画“×”）

1. 汽车是用内燃机做动力，主要在公路上行驶，通常有 4 个或 4 个以上的橡胶轮胎，用来运载人或货物的交通工具。（　）

2. 柴油发动机可以产生大转矩，燃油经济性好，广泛用于载货汽车和 SUV。（　）

3. 汽车电气设备由车身电气和发动机电气设备组成。（　）

三、简答题

1. 车辆的各种驱动形式各有什么特点？

2.VIN 中年份码是第几位？ 2016 年生产的车辆年份码应该用什么表示？

课题三

汽车的总体构造

[课前摘要]

学习课题	汽车的总体构造	班级		日期	
学习目标	完成本课题学习后，你应能： 1. 知道汽车由哪几部分组成。 2. 了解发动机的组成及功用。 3. 知道底盘的组成部分及各自的性能。 4. 了解主要车身与附属设备的组成。				
参考资料	教学资源　图书　网络资源				
课题任务	学前预习				
	1. 车辆概述	1. 汽车由哪几大部分组成？ 2. 各部分有何功用？			
	2. 汽车发动机	1. 曲柄连杆机构、配气机构的功用及组成。 2. 五大系统的组成及功用。			
	3. 汽车底盘	传动系、行驶系、转向系、制动系各组成部分及功能特点。			
	4. 车身与附属设备	1. 车身的功用是什么？类型有哪些？ 2. 电气设备都包含哪些？			
备注					

任务一　车辆概述

一辆普通的小汽车大约由2万个零件组合而成，当汽车运行时，有超过1500个零件会同步运转。汽车是一种技术密集度相对较高的产品。

但是无论简单还是复杂的汽车，一般都由4个部分构成：发动机、底盘、电气设备和车身。

一、发动机

发动机（图 3-1）是汽车的心脏，为汽车的行驶提供动力。发动机是一个能量转换机构，即将汽油（或柴油）在密封汽缸内燃烧膨胀产生的热能，通过推动活塞做功，转变为机械能。

汽油机主要包括两大机构和五大系统，它们分别是曲柄连杆机构、配气机构、燃料供给系统、冷却系统、润滑系统、点火系统和起动系统，柴油机没有点火系统。

图 3-1 发动机

二、底盘

汽车底盘包括传动系统、行驶系统、转向系统和制动系统。

1. 传动系统

传动系统（图 3-2）一般由离合器、变速器、万向传动装置、主减速器、差速器和半轴等组成。传动系统的基本功用是将发动机发出的动力传给汽车的驱动轮，产生驱动力，使汽车能以一定的速度行驶。

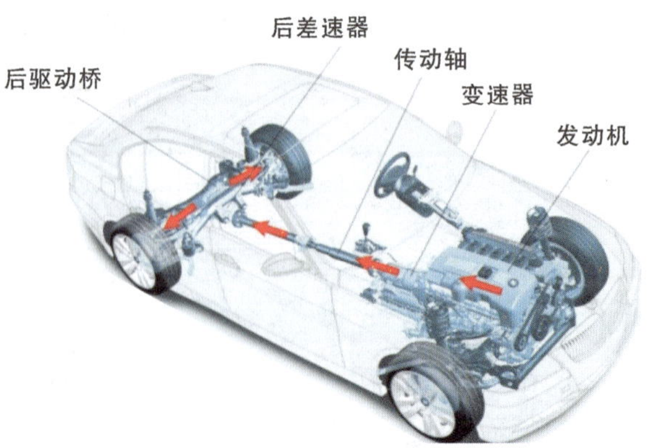

图 3-2 传动系统

2. 行驶系统

行驶系统是汽车的基础，由车架、车桥、车轮与轮胎，以及位于车桥和车架之间的悬架装置组成。车架是汽车的装配基体，将整个汽车装成一体；车桥与车轮负责汽车的行驶；悬架装置（图 3–3）将车桥安装于车架上，起到传力、导向和缓冲减震的作用。行驶系统除影响汽车的操纵稳定性外，对汽车的乘坐舒适性也有重要影响。

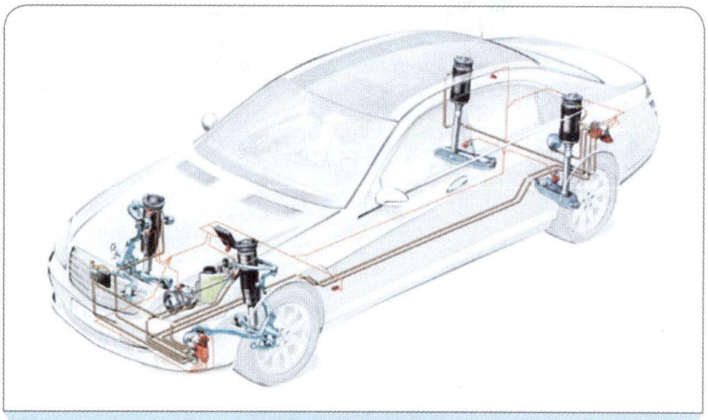

图 3–3 悬架装置

3. 转向系统

用来改变或保持汽车行驶方向的一系列装置称为汽车转向系统（图 3–4）。转向系统对汽车的行驶安全至关重要。转向系统和制动系统都是汽车安全必须重视的系统。

图 3–4 转向系统

4. 制动系统

制动系统由行车制动装置和驻车制动装置两大部分组成。行车制动装置（图 3–5）的作用是使行进中的汽车减速直至停车，它由设在每个车轮上的制动器和制动操纵机构组成，由驾驶员通过制动踏板来操纵。驻车制动装置的作用是使停放的汽车可靠地驻留在原地不动，大多数驻车制动装置的制动器装在变速器的第二轴上，与后桥制动器合一，驻车制动器由手操纵杆来操纵。

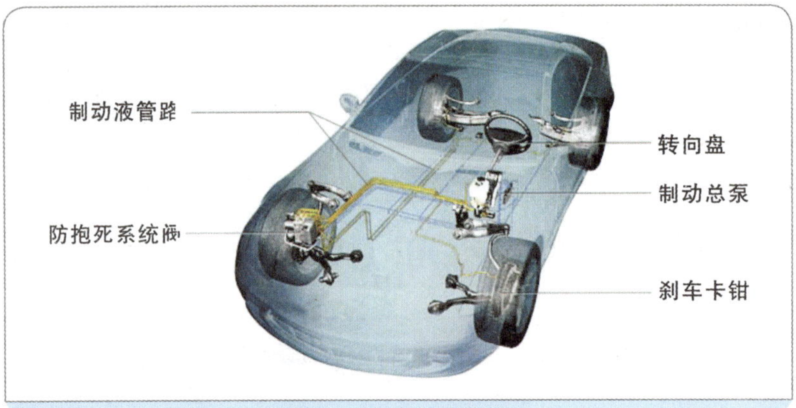

图 3–5 行车制动装置

三、电气设备

汽车电气设备分为发动机电气设备和车身电气设备两类。在现代汽车上，越来越多地装备各种由计算机控制的电控系统，大大地提高了汽车的性能。

发动机电气设备包括电源系统、起动系统及点火系统。

车身电气设备包括仪表系统、照明系统、音响系统及信号系统。

四、汽车车身

汽车车身安装在底盘的车架上（图 3–6），用于驾驶员、乘员乘坐或装载货物。它主要包括车窗、车门、驾驶舱、乘员舱、发动机舱和行李舱等。车身造型结构是汽车的形体语言，其设计好坏直接影响到汽车的性能。

图 3–6 车身

任务二　汽车发动机

发动机是一部复杂的机器，不同类型或即使同类型发动机，其具体结构也各不相同，但其基本构造都是相似的。

通常，汽油机由两大机构、五大系统组成，柴油机由两大机构、四大系统组成（无点火系）。

一、机体组

发动机的机体组包括汽缸盖、汽缸盖罩盖、汽缸体及油底壳等。汽缸盖和汽缸体的内壁共同组成燃烧室的一部分，是承受高温、高压的机件。

机体作为发动机各机构、各系统的装配基体，其本身的许多部分又分别是曲柄连杆机构、燃料供给系、冷却系和润滑系的组成部分。

在进行结构分析时，常把机体列为曲柄连杆机构。有的发动机将汽缸体分铸成上下两部分，上部称为汽缸体，下部称为曲轴箱。

机体是构成发动机的骨架，是发动机各机构和各系统的安装基础，其内外安装着发动机的所有主要零件和附件，承受各种载荷。因此，机体必须要有足够的强度和刚度。机体组主要由汽缸体、曲轴箱、汽缸盖和汽缸垫等零件组成。

1. 汽缸体

水冷发动机的汽缸体和上曲轴箱常铸成一体，称为汽缸体—曲轴箱，也可称为汽缸体（图 3–7）。汽缸体一般用灰铸铁铸成，汽缸体上部的圆柱形空腔称为汽缸，下半部为支承曲轴的曲轴箱，其内腔为曲轴运动的空间。在汽缸体内部铸有许多加强筋、冷却水套和润滑油道等。

图 3–7 汽缸体

汽缸体应具有足够的强度和刚度，根据汽缸体与油底壳安装平面的位置不同，通常把汽缸体分为以下三种形式。

（1）一般式汽缸体

其特点是油底壳安装平面和曲轴旋转中心在同一高度。这种汽缸体的优点是机体高度小，重量轻，结构紧凑，便于加工，曲轴拆装方便；但其缺点是刚度和强度较差。

（2）龙门式汽缸体

其特点是油底壳安装平面低于曲轴的旋转中心。它的优点是强度和刚度都好，能承受较大的机械负荷；但其缺点是工艺性较差，结构笨重，加工较困难。

（3）隧道式汽缸体

这种形式的汽缸体曲轴的主轴承孔为整体式，采用滚动轴承，主轴承孔较大，曲轴从汽缸体后部装入。其优点是结构紧凑，刚度和强度好；但其缺点是加工精度要求高，工艺性较差，曲轴拆装不方便。

为了能够使汽缸内表面在高温下正常工作，必须对汽缸和汽缸盖进行适当冷却。冷却方法有两种，一种是水冷，另一种是风冷。水冷发动机的汽缸周围和汽缸盖中都加工有冷却水套，并且汽缸体和汽缸盖冷却水套相通，冷却水在水套内不断循环，带走部分热量，对汽缸和汽缸盖起冷却作用。

汽缸直接镗在汽缸体上叫作整体式汽缸，整体式汽缸强度和刚度都好，能承受较大的载荷，这种汽缸对材料要求高、成本高。如果将汽缸制造成单独的圆筒形零件（即汽缸套），然后再装到汽缸体内，这样汽缸套采用耐磨的优质材料制成，汽缸体可用价格较低的一般材料制造，从而降低了制造成本。同时，汽缸套可以从汽缸体中取出，因而便于修理和更换，并可大大延长汽缸体的使用寿命。汽缸套有干式汽缸套和湿式汽缸套两种。

干式汽缸套的特点是汽缸套装入汽缸体后，其外壁不直接与冷却水接触，而和汽缸体的壁面直接接触，壁较薄，一般为 1 ~ 3mm。它具有整体式汽缸体的优点，强度和刚度都较好，但加工比较复杂，内外表面都需要进行精加工，拆装不方便，散热不良。

湿式汽缸套的特点是汽缸套装入汽缸体后，其外壁直接与冷却水接触，汽缸套仅在上下各有一圆环地带和汽缸体接触，壁厚一般为 5 ~ 9mm。它散热良好，冷却均匀，加工容易，通常只需要精加工内表面，而与水接触的外表面不需要加工，拆装方便，但缺点是强度、刚度都不如干式汽缸套好，而且容易产生漏水现象，需要采取一些防漏措施。

2. 曲轴箱

汽缸体下部用来安装曲轴的部位称为曲轴箱，曲轴箱分上曲轴箱和下曲轴箱。上曲轴箱与汽缸体铸成一体，下曲轴箱用来贮存润滑油，并封闭上曲轴箱，故又称为油底壳（图 3-8）。

油底壳受力很小，一般采用薄钢板冲压而成，其形状取决于发动机的总体布置和机油的容量。油底壳内装有稳油挡板，以防止汽车颠动时油面波动过大。油底壳底部还装有放油螺塞，通常放油螺塞上装有永久磁铁，以吸附润滑油中的金属屑，减少发动机的磨损。在上下曲轴箱接合面之间装有衬垫，防止润滑油泄漏。

图 3-8 油底壳

3. 汽缸盖

汽缸盖（图 3-9）安装在汽缸体的上面，从上部密封汽缸并构成燃烧室。它经常与高温高压燃气接触，因此承受很大的热负荷和机械负荷。水冷发动机的汽缸盖内部制有冷却水套，缸盖下端面的冷却水孔与缸体的冷却水孔相通。利用循环水来冷却燃烧室等高温部分。

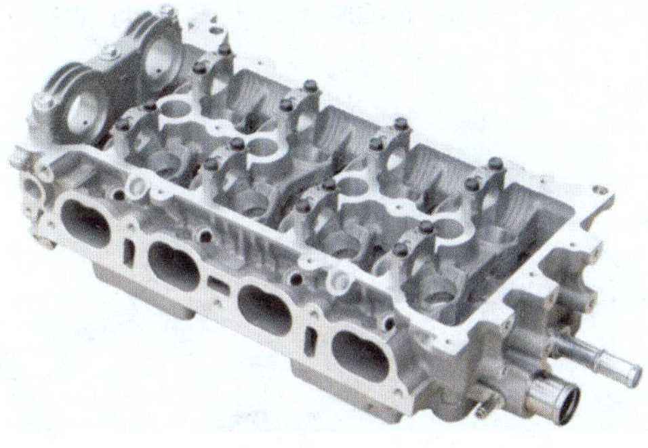

图 3-9 汽缸盖

缸盖上还装有进、排气门座，气门导管孔，用于安装进、排气门，还有进气通道和排气通道等。汽油机的汽缸盖上加工有安装火花塞的孔，而柴油机的汽缸盖上加工有安装喷油器的孔。顶置凸轮轴式发动机的汽缸盖上还加工有凸轮轴轴承孔，用以安装凸轮轴。

汽缸盖一般采用灰铸铁或合金铸铁铸成，铝合金的导热性能好，有利于提高压缩比，所以近年来铝合金汽缸盖应用得越来越多。

汽缸盖是燃烧室的组成部分，燃烧室的形状对发动机的工作影响很大，由于汽油机和柴油机的燃烧方式不同，其汽缸盖上组成燃烧室的部分差别较大。汽油机的燃烧室主要在汽缸盖上，而柴油机的燃烧室主要在活塞顶部的凹坑内。

汽油机燃烧室常见的三种形式如下。

（1）半球形燃烧室

半球形燃烧室结构紧凑，火花塞布置在燃烧室中部，火焰行程短，故燃烧速率高，散热少，热效率高。这种燃烧室结构上也允许气门双行排列，进气口直径较大，故充气效率较高，虽然使配气机构变得较复杂，但有利于排气净化，在轿车发动机上被广泛地应用。

（2）楔形燃烧室

楔形燃烧室结构简单、紧凑，散热面积小，热损失也小，能保证混合气在压缩行程中形成良好的涡流运动，有利于提高混合气的混合质量；进气阻力小，提高了充气效率；气门排成一列，使配气机构简单，但火花塞置于楔形燃烧室高处，火焰传播距离长些。切诺基的发动机采用这种形式的燃烧室。

（3）盆形燃烧室

盆形燃烧室的汽缸盖工艺性好，制造成本低，但因气门直径易受限制，进、排气效果要比半球形燃烧室差。捷达轿车发动机、奥迪轿车发动机采用盆形燃烧室。

4. 汽缸垫

汽缸垫（图 3-10）装在汽缸盖和汽缸体之间，其功用是保证汽缸盖与汽缸体接触面的密封，防止漏气、漏水和漏油。

图 3-10 汽缸垫

汽缸垫的材料要有一定的弹性，能补偿结合面的不平度，以确保密封，同时要有良好的耐热性和耐压性，在高温高压下不烧损、不变形。目前应用较多的是铜皮—石棉结构的汽缸垫，由于铜皮—石棉汽缸垫翻边处有三层铜皮，压紧时较之石棉不易变形。有的发动机还采用在石棉中心用编织的钢丝网或有孔钢板为骨架，两面用石棉及橡胶黏结剂压成的汽缸垫。

安装汽缸垫时，首先要检查汽缸垫的质量和完好程度，所有汽缸垫上的孔要和汽缸体上的孔对齐。其次要严格按照说明书上的要求拧紧汽缸盖螺栓。拧紧汽缸盖螺栓时，必须按照由中心对称地向四周扩展的顺序分 2 ~ 3 次进行，最后一次拧紧到规定的力矩。

二、曲柄连杆机构

曲柄连杆机构（图 3-11）是发动机实现工作循环、完成能量转换的主要运动零件。曲柄连杆机构由机体组、活塞连杆组和曲轴飞轮组等组成。

在做功冲程中，活塞承受燃气压力在汽缸内做直线运动，通过连杆转换成曲轴的旋转运动，并从曲轴对外输出动力。而在进气、压缩和排气行程中，飞轮释放能量又把曲轴的旋转运动转化成活塞的直线运动。

图 3-11 曲柄连杆机构

三、配气机构

配气机构的功用是根据发动机的工作顺序和工作过程，定时开启和关闭进气门和排气门，使可燃混合气或空气进入汽缸，并使废气从汽缸内排出，实现换气过程。

配气机构大多采用顶置气门式配气机构（图 3-12），一般由气门组、气门传动组和气门驱动组组成。

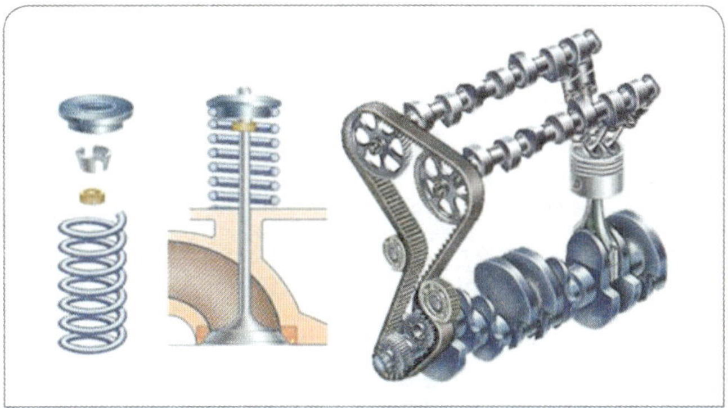

图 3-12 配气结构

四、燃料供给系

汽油机燃料供给系（图 3-13）的功用是根据发动机的要求，配制出一定数量和浓度的混合气供入汽缸，并将燃烧后的废气从汽缸内排到大气中去。柴油机燃料供给系的功用是把柴油和空气分别供入汽缸，在燃烧室内形成混合气并燃烧，最后将燃烧后的废气排出。

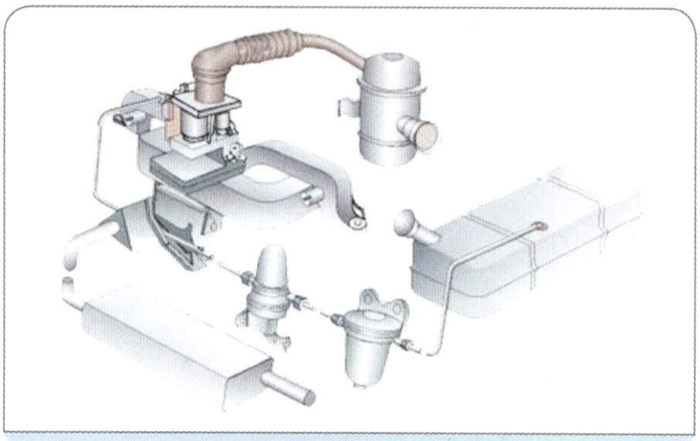

图 3-13 汽油机燃料供给系

五、点火系

在汽油机中，汽缸内的可燃混合气是由电火花点燃的，为此在汽油机的汽缸盖上装有火花塞，火花塞头部伸入燃烧室内。能够按时在火花塞电极间产生电火花的全部设备称为点火系（图 3-14），点火系通常由蓄电池、发电机、分电器、点火线圈和火花塞等组成。

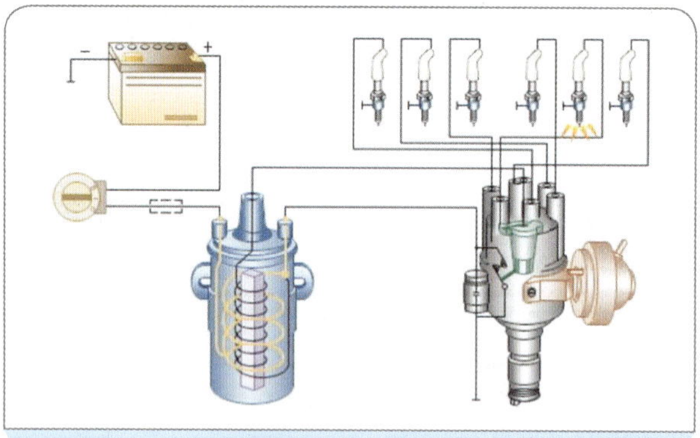

图 3-14 点火系

六、冷却系

冷却系（图 3-15）的功用是将受热零件吸收的部分热量及时散发出去，保证发动机在最适宜的温度状态下工作。水冷发动机的冷却系通常由冷却水套、水泵、风扇、水箱、节温器等组成。

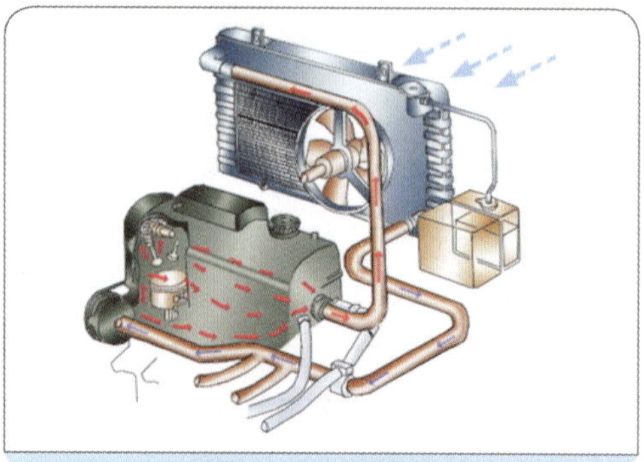

图 3-15 冷却系

七、润滑系

润滑系（图 3-16）的功用是向做相对运动的零件表面输送定量的清洁润滑油，以实现液体摩擦，减少摩擦阻力，减轻机件的磨损并对零件表面进行清洗和冷却。润滑系通常由润滑油道、机油泵、机油滤清器和一些阀门组成。

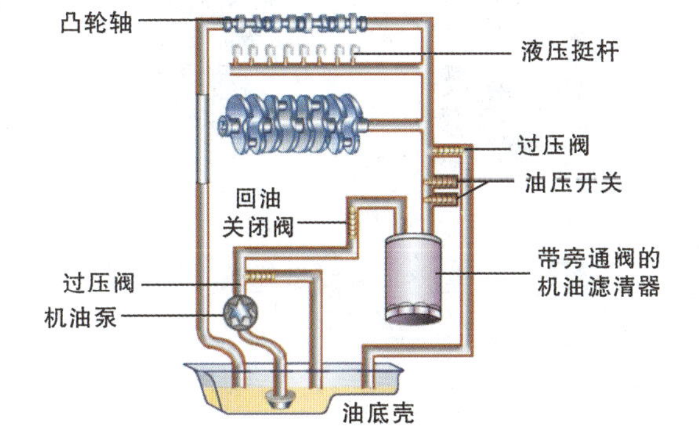

图 3-16 润滑系

八、起动系

发动机由静止状态过渡到工作状态需用外力转动曲轴。在外力作用下曲轴从开始转动到发动机开始自动怠速运转的全过程，称为发动机的起动。

汽车发动机常用的起动方式有人力起动和电动机起动两种。

①人力起动最简单，只需将起动手摇柄端头的横销嵌入发动机曲轴前端的起动爪内，以人力转动曲轴即可。但这种方法劳动强度大，且不方便。

目前，在汽车上人力起动只作为备用方式而保留着。

②电动机起动（图 3-17）是由直流电动机经传动机构拖动发动机起动的，由于操作轻便，起动迅速可靠，且具有重复起动的能力，因此被广泛采用。

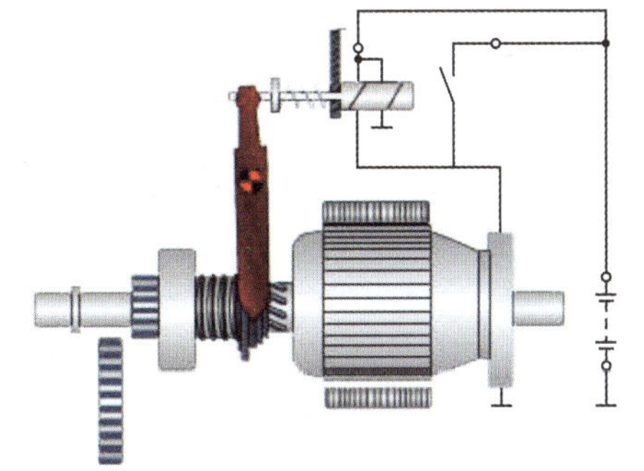

图 3-17 电动机起动原理图

起动机（图 3-18）一般由三部分组成：直流电动机、操纵机构和离合机构。直流电动机的作用是将电能转变为机械能。

按起动机的操纵方式的不同，操纵机构有直接操纵式和电磁操纵式两种。目前，电磁操纵式起动机的应用最为广泛。

图 3-18 起动机

任务三 汽车底盘

一、汽车传动系

1. 传动系的功用与组成

汽车传动系的基本功用是将发动机发出的动力传给驱动车轮，使汽车行驶。

常见的机械式传动系的组成及布置形式：发动机发出的动力经过离合器 1、变速器 2、由万向节 3 和传动轴 8 组成的万向传动装置，以及安装在驱动桥 4 中的主减速器 7、差速器 5 和半轴 6 传到驱动轮。

传动系具有如下功能：

（1）减速和变速

汽车的起步与驱动，要求作用在驱动轮上的驱动力足以克服各种外界的阻力，如地面对车轮滚动的阻力、空气对车身的阻力等。

汽车发动机发出的转矩若直接传给车轮，车轮所得到的驱动力很小，不足以驱动汽车运动；另一方面，发动机的转速较高，一般在每分钟数千转，这一转速直接传到驱动轮上，汽车将达到几百公里的时速，这样高的车速既不实用，也不可实现。

因此，要求传动系具有减速增矩的作用，使驱动轮的转速降低到发动机转速的若干分之一，相应地使驱动轮的转矩增大到发动机转矩的若干倍。

为了使发动机能保持在有利转速范围内工作，而驱动力和转速又可以在足够大的范围内变化，应当使传动系的传动比能在最大值与最小值之间变化，即传动系应起变速的作用。

因此，在传动系中设置了主减速器 7 和变速器 2 以满足上述要求。

（2）实现汽车倒驶

汽车除了前进以外，在某些情况下还需要倒向行驶，而发动机是不能反向旋转的。这就要求传动系能够改变驱动轮的转动方向，以实现汽车的倒向行驶，一般是在变速器中设置一个倒挡来实现这一要求。

（3）中断传动

在起动发动机后、汽车行进中换挡以及对汽车进行制动时，要暂时切断动力的传递路线。为满足此要求，在发动机与变速器之间设置一个可由驾驶员控制分离或结合的机构，称为离合器。

另外，在变速器中设置空挡，即各挡位齿轮都处于非传动状态，满足汽车在发动机不停止转动时能较长时间中断动力传递的要求。

（4）差速作用

汽车在转弯行驶时，左右驱动车轮在同一时间内滚动的距离不同，如果两侧的驱动轮用一根刚性轴驱动，则两轮转动的角速度必然相同。因而在汽车转弯时必然产生车轮相对地面滑动的现象，这将使转向困难、汽车的动力消耗增加、传动系内部某些零件和轮胎磨损加剧。

为避免这些情况的出现，在驱动桥内安装了差速器，使左右驱动车轮以不同的角速度旋转。

动力由主减速器先传到差速器，再由差速器分配给左、右半轴，最后传到驱动轮上。

2. 离合器

（1）离合器的功用

离合器（图 3–19）是汽车传动系中直接与发动机相连接的部件。

内燃机只能在无负荷的情况下起动，所以在汽车起步前必须先将发动机与驱动轮之间的传动路线切断。另外，汽车在换挡和刹车前也需要切断动力传递。为此，在发动机与变速器之间设有离合器。离合器的功用就是由驾驶员控制，根据需要随时切断和接通发动机传给传动系的动力，从而保证汽车的平稳起步、换挡平顺，同时还可以防止传动系过载（过载时离合器自动打滑）。

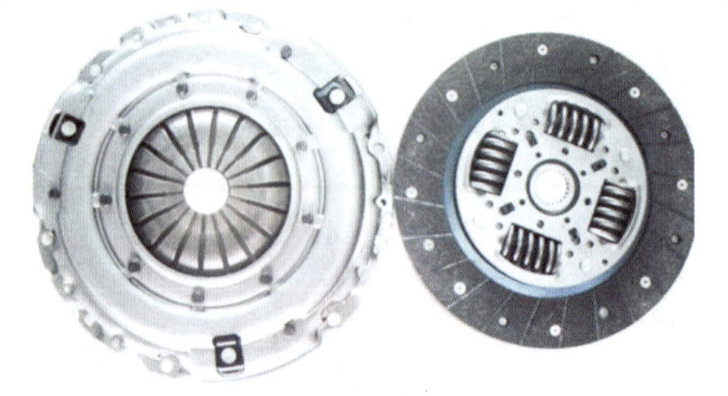

图 3–19 离合器

（2）离合器的组成

离合器可分为摩擦式离合器、液力耦合器和电磁离合器等。摩擦式离合器有干式和湿式两种，湿式是将摩擦片浸在油中工作，干式是摩擦片在干燥状态下工作。

通常，湿式离合器采用多片型式而成为行星自动变速器的组合元件，轿车常用的单片离合器都是干式离合器。单片摩擦式离合器有采用膜片弹簧和螺旋弹簧两种型式，其工作原理都是相同的，它们均由主动部分、从动部分、压紧机构和操纵机构四部分构成。

3. 变速器

（1）变速器的功用

汽车上广泛使用的活塞式发动机，其输出的扭矩和转速变化范围很小，而汽车在行驶中所遇到的复杂的道路条件和使用条件要求汽车的驱动力和车速能在相当大的范围内变化。为此，在汽车的传动系中设置了变速器。

变速器的主要功用是：

①在较大的范围内改变汽车的行驶速度和汽车驱动轮上转矩的数值；

②在发动机旋转方向不变的前提下，利用倒挡实现汽车倒向行驶；

③在发动机不熄火的情况下，利用空挡中断动力传递，可以使驾驶员松开离合器踏板，离开驾驶位置，且便于汽车起动、怠速、换挡和动力输出。

（2）变速器的分类

按传动比变化方式的不同，变速器可分为有级式、无级式和综合式三种。

① 有级式变速器

有级式变速器（图 3–20）应用最为广泛，传动方式采用齿轮传动（包括普通齿轮传动和行星齿轮传动）。它具有若干个数值一定的传动比，传动比的变化呈阶梯式或跳跃式。目前，轿车和轻、中型载货汽车装用的有级式变速器多为 3 ~ 6 个前进挡和一个倒挡。

图 3–20 有级式变速器

② 无级式变速器

无级式变速器有电力式和液力式两种，传动部件分别为直流串激电动机和液力变矩器。它的传动比在一定数值范围内可以连续多级变化。

近年来，金属带式无级变速器 CVT（Continuously Variable Transmission，图 3–21）在中高档轿车中的应用日渐增多。

图 3–21 奥迪 multitronic CVT 剖视图

③ 综合式变速器

综合变速器是由液力变矩器和齿轮式有级变速器组成的电控液力机械式变速器（图 3–22），其传动比可以在最大值和最小值之间的几个间断的范围内做无级变化。

按操纵方式不同，变速器还可分为强制操纵式变速器、自动操纵式变速器和半自动操纵式变速器三种类型。

在多轴驱动的汽车上，还配有分动器，通过分动器可以将动力分别传到不同的驱动轴上。

图 3–22 电控液力机械式变速器

4. 万向传动装置

（1）功用

在汽车上，万向传动装置主要用于变速器与驱动桥之间、变速器与分动器之间实现变角度的动力传递，在转向驱动桥和某些汽车的转向操纵机构中也有应用。

(2) 组成

万向传动装置一般由万向节和传动轴组成，必要时还可加装中间支承。

5. 驱动桥

(1) 功用

驱动桥的功用是将万向传动装置传来的发动机动力经减速增矩改变传动方向后，分配给左、右驱动轮，并且允许左、右驱动轮以不同转速旋转。

(2) 组成

驱动桥通常由主减速器、差速器、半轴和驱动桥壳组成。主减速器可减速增矩，并可改变发动机转矩的传递方向，以适应汽车的行驶方向。

差速器可保证左、右驱动轮以不同的转速旋转。半轴把转矩从差速器传到驱动轮。桥壳支承汽车的部分质量，承受驱动轮上的各种力及力矩，并起到保护主减速器、差速器和半轴的作用。

(3) 分类

按驱动轮与桥壳的连接关系，驱动桥分为非断开式驱动桥和断开式驱动桥两种。

① 非断开式驱动桥

非断开式驱动桥（图 3-23）的整个车桥通过弹性悬架与车架相连，桥壳是刚性整体结构，两根半轴和驱动轮在横向平面内无相对运动。载货汽车多采用非断开式驱动桥。

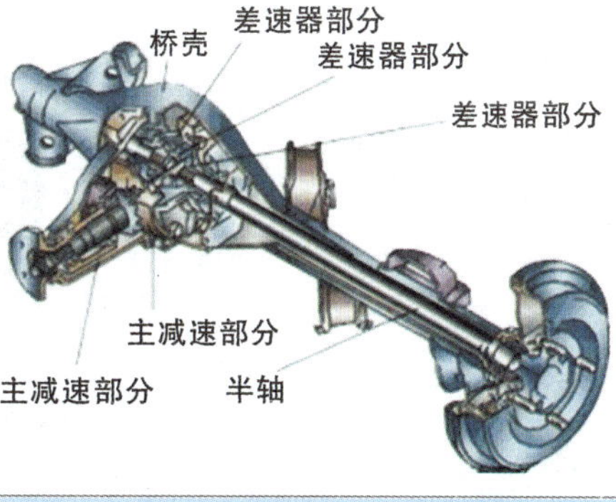

图 3-23 非断开式驱动桥

② 断开式驱动桥

一些轿车和越野汽车为了提高汽车行驶的平顺性和通过性，在它们的全部或部分驱动轮上采用独立悬架，即两侧驱动轮分别用弹性悬架与车架相连，两驱动轮彼此可独立地相对于车架或车身上下跳动。

主减速器固定在车架或车身上，驱动桥壳制成分段并以铰链方式相连，同时半轴也分段且各段之间用万向节连接（图 3-24）。

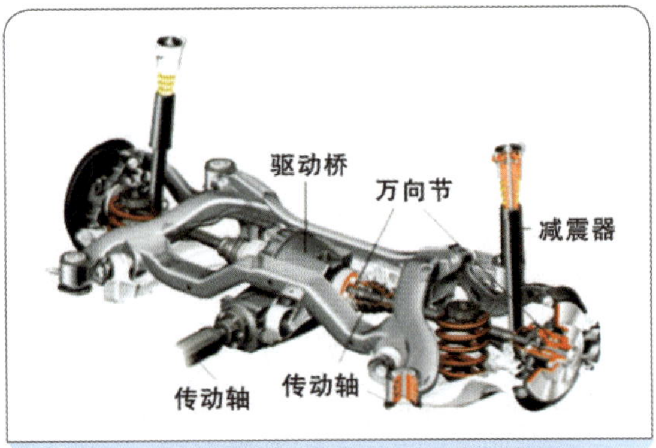

图 3-24 奥迪 A4 轿车的断开式驱动桥

（4）主减速器

主减速器（图 3-25）的功用是将输入的转矩增大并相应降低转速，并可根据需要改变转矩的方向。

主减速器由主动锥齿轮、从动锥齿轮、圆锥滚子轴承及其他附件组成。

主减速器的种类繁多，有单级式和双级式、单速式和双速式、贯通式和轮边式等。

单级主减速器只有一对锥齿轮传动，具有结构简单、重量轻、体积小、传动效率高等特点。

图 3-25 主减速器

（5）差速器

汽车直线行驶时，行星齿轮自身不转动，只随行星齿轮轴、差速器保持架、大锥齿轮绕半轴轴线公转，两个半轴齿轮就由行星齿轮带动以同样的转速旋转。

当汽车转弯时，行星齿轮不仅如前述同样地绕半轴轴线公转，而且还通过绕行星齿轮轴本身的自转，使两根半轴有不同的转速。

普通差速器（图 3–26）由于行星齿轮的作用，两根半轴传递着相同的转矩。如果某一侧半轴的阻力消失（如一侧车轮陷于淤泥中），另一侧半轴也无法传递转矩，车辆便无法开动。

为了改善这一缺陷，又开发出了各种差速自锁装置，保证在一轮打滑情况下，另一轮可实现单轮驱动。限于篇幅，这里不再赘述。

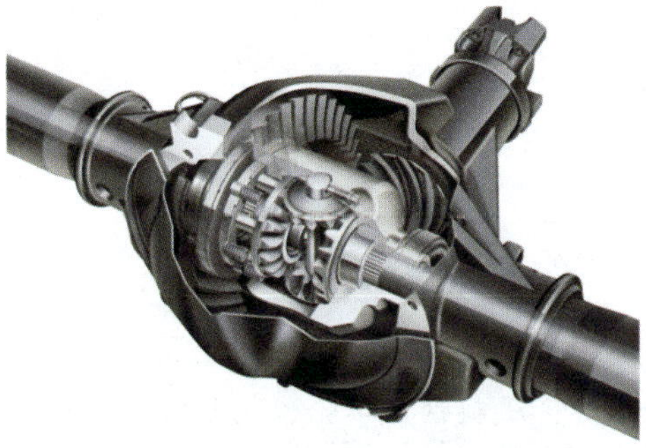

图 3–26 普通差速器

二、汽车行驶系

1. 汽车行驶系概述

汽车行驶系由车架、悬架、车轴和车轮组成。车架对汽车并不一定是必需的，只有在非承载式车身结构中需用车架连接并支承车身、发动机和传动系、悬架等零件，承受和传递底盘零件传来的外力，还提供撞车时所需的强度和吸收冲击能量的能力。

2. 车桥

车桥（也称车轴）通过悬架与车架（或承载式车身）相连接，两端安装汽车车轮。车架所受的垂直载荷通过车桥传到车轮；车轮上的滚动阻力、驱动力、制动力和侧向力及弯矩、转矩又通过车桥传递给悬架和车架，故车桥的作用是传递车架与车轮之间的各向作用力及其所产生的弯矩和转矩。

（1）转向桥

转向桥利用转向节使车轮偏转一定的角度以实现汽车的转向，同时还承受和传递车轮与车架之间的垂直载荷、纵向力和侧向力以及这些力所形成的力矩。转向桥通常位于汽车的前部，因此也常称为前桥。

（2）转向轮定位

为了保持汽车直线行驶的稳定性、转向的轻便性和减轻轮胎的磨损，转向轮、转向节和前轴三者之间与车架必须保持一定的相对位置，这种具有一定相对位置的安装称为转向轮定位，也称前轮定位。

正确的前轮定位应做到：可使汽车直线行驶稳定而不摆动；转向时转向盘上的作用力不大；转向后转向盘具有自动回正作用；轮胎与地面间不打滑以减少油耗；延长轮胎使用寿命。

前轮定位包括：主销后倾、主销内倾、前轮外倾及前轮前束。

3. 车轮与轮胎

（1）车轮

汽车的车轮由轮毂、轮辋以及这两部分的连接件组成。车轮要求坚固、轻便和平衡。现代汽车所使用的车轮主要分为三种：压制钢盘车轮、钢丝辐条车轮和轻合金铸造车轮，其中压制钢盘车轮因易于大量生产，成本较低，刚度适中，轻便、坚固而应用最广泛；后两种车轮成本较高，多为跑车和赛车采用。

车轮安装一般都由四个或五个螺栓固定在轮毂凸缘上，由于车轮是高速旋转件，需要定位，因此螺栓往往制成锥形，使车轮能自动定位。

载货汽车为防止行驶时螺母自行松脱，左轮轮盘固定螺栓用左旋螺纹，右边的则用右旋螺纹。

（2）轮胎

汽车轮胎安装在轮辋上，直接与路面接触。轮胎的种类繁多，可按其用途、结构、材料、胎面花纹以及充气压力等区分。

轮胎承受着汽车的重力，因此必须有承受载荷的能力。由于轮胎有一定的弹性，与汽车悬架共同来缓和汽车行驶时所受的冲击力，以保证汽车有良好的乘坐舒适性和行驶平顺性。

轮胎又要传递地面的驱动力、制动力，因此必须与地面有良好的附着性能，这通常靠各种花纹来增强。汽车的充气轮胎按胎体中帘线排列方向不同，可分普通斜交线胎、带束斜交胎和子午线胎等。

在轿车上也有应用无内胎轮胎的，这种轮胎由于消除了内、外胎间的摩擦，工作温度低，适于高速行驶，而且结构简单、质量较小。

按照轮胎气压的大小分为高压轮胎（充气压力 0.5 ~ 0.7MPa）、低压轮胎（充气压力 0.2 ~ 0.5MPa）和超低压轮胎（充气压力 <0.2MPa）。

普通车辆的轮胎多为低压轮胎。载货车随载重量的增加，轮胎压力提高。超低压轮胎主要用于坏路或无路条件下行驶。

有的机动性要求很高的越野车装有自动充、放气系统，可根据路面条件调节轮胎气压。

4. 悬架

悬架是车架（或承载式车身）与车桥（或车轮）之间一切传力连接装置的总称。现代汽车尽管有不同结构型式的悬架，但一般都是由弹性元件、减震器和导向装置三部分组成，它们分别起缓冲、减震和导向作用，同时又都起传力作用。

悬架只要具备上述各种功能，在结构上并不是非设置上述三套单独的装置不可。例如，常见的钢板弹簧除起弹性元件的缓冲作用外，多片重叠时又可借片间摩擦起减震作用，同时也可担负起传递各种力和力矩的作用，故可不装减震器和其他导向机构。

悬架有两大类，即非独立悬架和独立悬架。

非独立悬架的特点是由一根整体式车桥连接两侧的车轮，车轮与车桥一起通过弹性元件与车架（或车身）相连。

独立悬架每一侧车轮单独地通过弹性元件与车架（或车身）相连。采用独立悬架时，车桥显然是断开的。非独立悬架由于结构简单、成本低、强度高而广泛用于货车和大客车。独立悬架由于提高了汽车的舒适性，并有利于降低汽车重心而在轿车上用得相当普遍。

也有一些车前轮采用独立悬架，后轮采用非独立悬架。独立悬架的结构类型很多，按车轮的振摆型式可分为横摆臂式、纵摆臂式、沿主销移动等几种型式。

悬架中的弹性元件有钢板弹簧、螺旋弹簧、扭杆弹簧、气体弹簧、橡胶弹簧等，其中前两种应用最多。

汽车上的减震器通常是双向作用筒式减震器，即在伸张和压缩行程中都能起阻尼作用。阻尼大则消除震动快，但却使与之并联的弹簧的作用不能充分发挥，同时过大的阻尼力还可能导致减震器连接零件及车架的损坏。

三、汽车转向系

1. 转向系的功用

汽车在行驶中，经常需要改变行驶方向。汽车上用来改变汽车行驶方向的机构称为汽车转向系。汽车行驶方向的改变是由驾驶员通过操纵转向系来改变转向轮（一般是前轮）的偏转角度实现的。

转向系不仅可以改变汽车的行驶方向，使其按驾驶员规定的方向行驶，而且还可以克服由于路面侧向干扰力使车轮自行产生的转向，恢复汽车原来的行驶方向。

2. 转向系的组成

汽车转向系根据其转向能源的不同，可以分为机械转向系和动力转向系两大类。

①机械转向系以驾驶员的体力作为转向能源，又称为人力转向系。机械转向系（图 3–27）一般由三部分组成，即转向操纵机构、转向器和转向传动机构。

驾驶员操纵转向器工作的机构叫转向操纵机构，包括转向盘、转向轴等机件。转向轴下端的齿轮与齿条构成转向器。转向器是一个减速增矩机构，经转向器放大的力矩传给转向传动机构。

转向直拉杆（齿条）、转向节臂、转向横拉杆等机件构成转向传动机构。当驾驶员向左或向右转动转向盘时，转向轴即通过齿轮带动转向器内的齿条向左或向右移动，并推动转向横拉杆向左或向右移动，使车轮绕着主销轴线向左或向右偏转，从而实现汽车转向。

②动力转向系是在机械转向系基础上加设一套转向加力装置而成的，兼用驾驶员体力和发动机动力作为转向能源，并且以发动机动力作为主要能源。

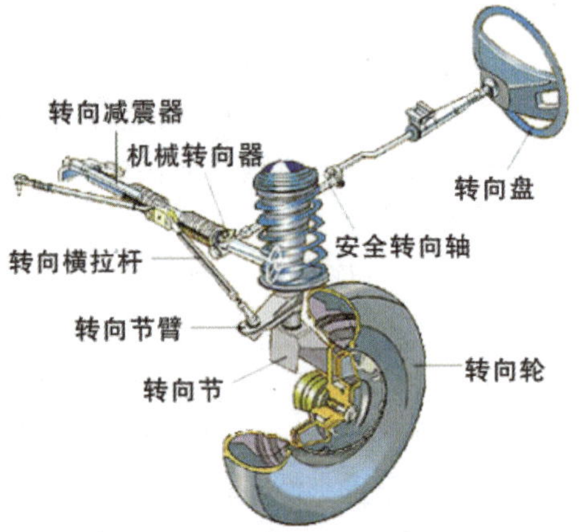

图 3-27 机械转向系的结构

四、汽车制动系

1. 制动系的功用

目前，汽车的行驶速度不断提高，道路情况越来越复杂，为了在技术上保证汽车的安全行驶，提高汽车的平均行驶车速，以提高运输生产率，在各种汽车上都设有专用的制动机构，使行驶中的汽车减低速度甚至停车或者使已经停下来的汽车保持不动。

2. 制动系的类型

一般汽车应包括两套独立的制动系：行车制动系和驻车制动系。行车制动系是由驾驶员用脚来操纵的，故又称脚制动系。其功用是使正在行驶中的汽车减速或在最短距离内停车。

驻车制动系是由驾驶员用手操纵的，故又称手制动系或驻车制动系。其功用是使已停在各种路面上的汽车驻留原地不动。

3. 对制动系的要求

为保证汽车能在安全的条件下发挥出高速行驶的能力，制动系必须满足下列要求：应具有足够的制动力，工作可靠；操纵轻便；前后桥上的制动力分配应合理，左右车轮上的制动力应相等；制动应平稳；避免自行制动；散热性好。

4. 制动系的组成

各种制动装置一般由制动器和制动控制机构组成。制动器按其构造分为盘式、蹄式（或鼓式）和带式（或箍式），制动控制机构按其操纵传动方式有机械式、液压式、气压式等。驻车制动装置通常又称手制动器，属于机械式制动系统。这种制动装置作用在变速器后的传动轴上时，称为中央制动式手制动器；若安装在车轮上与车轮制动器一体时，则称为车轮制动式手制动器。

行车制动装置以液压式和气压式应用最广泛，前者多用于轿车和轻型车，后者多用于中型以上的客车和货车。

图 3-28 给出了典型的汽车制动系统。

为了保证制动的可靠性，无论是气压或液压式的多采用双管路制动系统，如前、后轮分开的双管路系统和对角线（左前轮、右后轮一条管线，右前轮、左后轮一条管线）交叉的双管路系统。

目前行车制动装置用的制动器，货车用蹄式的较多，轿车用盘式的较多，特别是轿车的前轮制动器几乎都是盘式的。

这是因为盘式制动器制动效能虽不如蹄式的高，但制动效能的稳定性好，几乎不发生蹄式制动器所具有的自动增力作用，在高速制动和反复制动时也很少发生衰减作用。此外，制动盘左右两侧制动作用的不平衡现象极少，汽车能保持良好的方向稳定性。

目前，这类制动系统又常增加了电子防抱死控制，以增加其行车安全性。

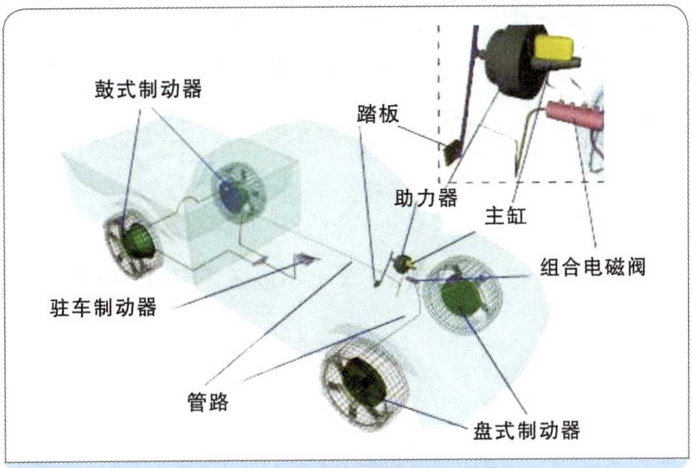

图 3-28 典型的汽车制动系统

任务四 车身与附属设备

一、车身的功用与组成

汽车车身是运送乘客、货物和驾驶员工作的平台，车身应具备使乘客和货物免受尘土、雨雪、震动、噪声、废气侵袭，使驾驶员工作便利的条件。车身上的一些结构措施和设备还应有助于行车安全和减轻交通事故造成的人身伤害。

车身的造型应能保证有效地引导周围的气流，以减少空气阻力和燃料消耗，且有助于提高汽车行驶稳定性和改善发动机冷却条件，保证车身内部通风良好。

汽车车身主要包括：车身壳体，车门，车窗，前后钣制件，车身附件，车身内外装饰件，座椅，通风、暖风、冷风、空调装置等。货车和专用汽车上还包括货箱和其他专用设备。

二、车身的类型

车身是汽车的基本骨架，也是最大的部件，它决定汽车的基本形状、大小和用途。

车身壳体是一切车身零部件的安装基础。通常指纵、横梁和支柱等主要承力元件以及与它们相连的钣制件共同组成的刚性空间结构。其分类如下：

1. 按结构形式分

（1）骨架式车身

骨架式车身有完整的骨架，车身蒙皮固定在其上。

（2）半骨架式车身

半骨架式车身有部分骨架，如单独的立柱、拱形梁及其他加固件。各骨架可彼此相连或借蒙皮相连。

（3）无骨架式车身

无骨架式车身没有骨架，代替骨架的是各蒙皮板相互连接时所形成的加强肋或板壳。

2. 按受力情况分

（1）非承载式车身

非承载式车身的特点是保留车架，车身与车架通过弹簧或橡胶柔性连接。车架的刚度大，它承受发动机及底盘各部件之重力以及它们工作时通过支架传递的力、汽车行驶时由路面通过悬架传来的力。车身承受本身重力与所装载的客货重力以及汽车行驶时所引起的惯性力和空气阻力。

（2）半承载式车身

半承载式车身的特点是保留车架，车身与车架刚性连接，车身除承受非承载式中所述各载荷外，还分担车架的部分载荷。车身对车架有加固作用。

（3）承载式车身

承载式车身的特点是无车架，车身便作为发动机和底盘各总成的安装基础，上述各种载荷均由车身承受。

轿车车身（图 3–29）无明显骨架，它是由外部覆盖件和内部钣金件焊接成的一空间结构。轿车车身一般采用承载式或非承载式。

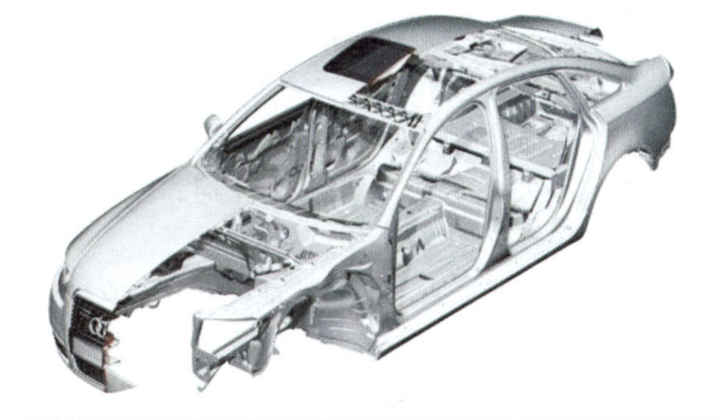

图 3–29 轿车车身

三、汽车仪表

汽车仪表是驾驶员通过视觉了解汽车工作状态的必备部件，其种类很多，但大致分为读取数值的仪表（如车速表）和判断车况是否正常的仪表（或装置）两大类。

这些仪表安装在驾驶员最容易看得见的驾驶员座椅对面的仪表板上（图 3–30）。

由于仪表是驾驶员靠视觉来了解汽车工作状态的，因此，应具有良好的目视性（容易辨认）。将仪表设置在正面的仪表板上，可减少驾驶员视线从前方路面移开的概率。

需要频繁读数的仪表，若安装在

图 3–30 汽车仪表

仪表板中间则会增加驾驶员视线移动量而带来不便。不需经常确认的警报灯等，可安装在目视性较差的部位。警报灯（指示灯）只是在发生异常时才亮，它不能指示具体数值。

四、安全防护装置

1. 安全带

随着汽车工业的发展，汽车安全问题日益为人们所重视。汽车工程师采取了各种措施以提高汽车的安全性能。其中，安全带（图 3–31）的使用是提高汽车安全性的重要措施之一。

图 3–31 汽车安全带

椅安全带通过高强度的织带约束乘员的运动，减轻或避免事故中乘员与其他物体碰撞损伤。同时，当汽车失去平衡、倾覆或翻滚时，安全带将人体约束在座椅上，使其避免在车内翻滚而造成二次或多次碰撞。

大量使用实践证明，安全带是最有效的安全防护装置，可大幅度降低碰撞事故的受伤率和死亡率。

现代轿车必须装备安全带，前排座椅装有三点式安全带，后排座椅装有两点式安全带或三点式安全带。

2. 安全气囊

现在，越来越多的汽车都装备有安全气囊。其目的是辅助保护乘员，基本前提是乘员要佩戴安全带。

当汽车以大于 20km/h 的运行速度，在正前方 ±30° 的范围发生撞击时，安全气囊就会迅速自动充气弹开，瞬间鼓起一个很大的气囊，犹如缓冲垫填在驾驶员和转向盘之间，从而减轻驾驶员（或乘员）头部及胸部的伤害。

安装于转向盘中的安全气囊系统一般由气体发生器、防护盖、气囊、约束件、溢气孔等组成。

近年来，在驾驶员安全气囊的基础上，又增加了副驾驶侧安全气囊和侧向安全气帘（图 3–32），使得汽车的被动安全性能大为提高。

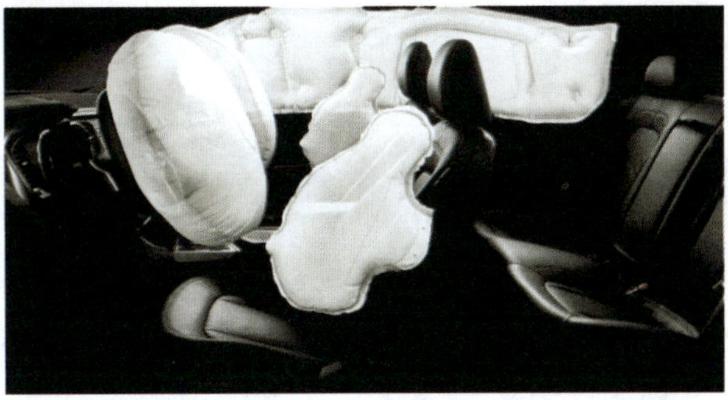

图 3-32 大众辉腾轿车的安全气囊和侧向安全气帘

五、汽车空调

现代汽车大都装备有车用空调来提高车内乘坐的舒适性。

汽车空调一般由通风装置、暖风装置、冷气装置以及空气净化装置等组成。图 3-33 为制冷系统工作原理示意图。

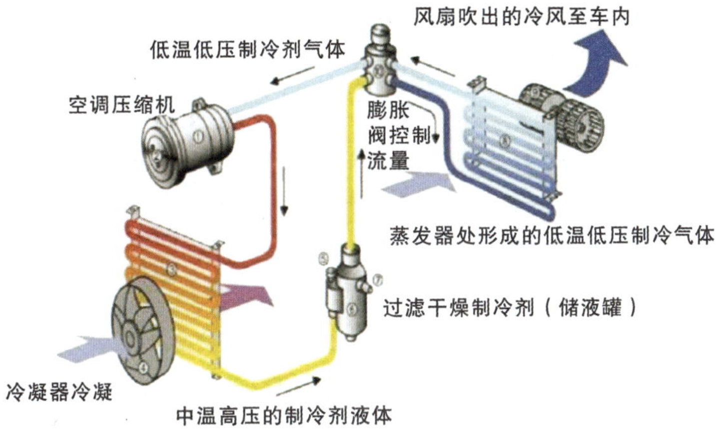

图 3-33 制冷系统工作原理示意图

①压缩机运转时，将蒸发器内产生的低温、低压制冷剂蒸气吸入并进行压缩后，在高温、高压的状态下排出，使之进入冷凝器。

②高温、高压气态制冷剂流入冷凝器，经冷却，气态制冷剂变成液态制冷剂。

③液态制冷剂进入贮液干燥过滤器，除去水分和杂质。

④高压液态制冷剂从膨胀阀小孔喷出，成为低压雾状制冷剂流入蒸发器。

⑤雾状制冷剂在蒸发器内吸收蒸发器盘管外边空气中的热量汽化，从鼓风机来的空气流经蒸发器表面，被冷却后送到车厢内。

气态制冷剂又重新被压缩机吸入，这样反复循环即可达到制冷目的。

课题小结

1. 发动机：发动机两大机构五大系：曲柄连杆机构；配气机构；燃料供给系；冷却系；润滑系；点火系；起动系。

2. 底盘：底盘的作用是支撑、安装汽车发动机及其各部件的总称，形成汽车的整体造型，并接受发动机的动力，使汽车产生运动，保证正常行驶。底盘由传动系、行驶系、转向系和制动系四部分组成。

3. 车身：车身安装在底盘的车架上，用于驾驶员、旅客乘坐或装载货物。轿车、客车的车身一般是整体结构，货车车身一般是由驾驶室和货厢两部分组成。

4. 电气设备：电气设备由电源和用电设备两大部分组成。电源包括蓄电池和发电机；用电设备包括发动机的起动系、汽油机的点火系和其他用电装置。

思考与练习

一、填空题

1. 一辆普通的小汽车大约由________、________、________和________组成。
2. 发动机机体组主要由________、________、________和________等零件组成。
3. 汽车的底盘包括________、________、________和________四个部分。
4. 汽车空调一般由________、________、________以及________等组成。

二、选择题

1. 下列不是气缸体形式的是（ ）

A. 一般式　B. 龙门式　C. 矩形式　D. 隧道式

2. 燃烧室常见的形式不包括（ ）

A. 半球形燃烧室　B. 全球形燃烧室　C. 楔形燃烧室　D. 盆形燃烧室

三、问答题

1. 简述汽车总体由哪几部分组成？各部分的作用是什么？

2. 变速器有何功用？

3. 安全气囊一般由哪几部分组成？何种情况下它会引爆？

课题四

著名汽车公司与名车

[课前摘要]

学习课题	著名汽车公司与名车	班级		日期	
学习目标	完成本课题学习后，你应能： 1. 叙述各国汽车公司的发展史； 2. 知道各个汽车品牌的标志以及含义； 3. 能够说出世界著名汽车公司都有哪些名车； 4. 叙述中国汽车主要品牌现状及发展。				
参考资料	教学资源　图书　网络资源				
课题任务	学前预习				
	1. 世界著名汽车公司	1. 世界著名的汽车公司都有哪些？它们是由哪些人创建的？ 2. 说说你喜欢的汽车公司是哪家？为什么？ 3. 国内较有影响力的汽车公司或品牌都有哪些？			
	2. 经典名车	1. 经典名车都有哪些？之所以经典是因为它们有何特点？ 2. 说说你喜欢的名车，为什么？			
备注					

任务一　世界著名汽车公司

一、德国汽车公司

1. 奥迪汽车公司

1899 年，在机械技术方面颇有研究的 August Horch（奥古斯特·霍希）（图 4–1）在德国科隆创立了以自己名字命名的汽车制造公司。2 年后的 1901 年，公司开始生产汽车，德国首台卡车在这诞生了。1904 年，August Horch 公司集资成为股份制公司，并将生产基地搬到茨维考市。1909

年是 Audi 品牌创立的一年：因与股东们闹不和，奥古斯特·霍希离开了自己亲手创立的公司，在同一座城市茨维考成立 Audi（奥迪）汽车制造公司。Audi 这个词与奥古斯特·霍希的姓氏（Horch）有关系，即 Horch 的拉丁文译作 Audi，在德语中它们的意思一样同为“聆听”。这就是真正意义上的 Audi 汽车公司的前身。

图 4–1 奥古斯特·霍希

1921 年，Audi 生产了全球第一辆配置方向盘、操纵系统左置的汽车（图 4–2）。

图 4–2 Audi 的第一辆操纵系统左置的汽车

1927 年，Audi 推出第一辆号称德国最豪华的 8 汽缸的 Typ R 型轿车（图 4–3）。

图 4–3 Audi Typ R 型轿车

同时期的德国，还有另外三家汽车制造厂在默默耕耘着。它们分别是：奥古斯特·霍希先生以前成立的 August Horch 公司、DKW 公司和 Wanderer 公司，在当时的汽车领域里它们各自占有一席之地。尤其是 DKW 公司在 1919 年研发的两冲程发动机，为今后“四大家族”合作生产汽车打下了坚实基础。1923 年，Audi 发布德国第一台 6 个气缸的汽车。

1932 年，四环标志的历史性的时刻来了。迫于生存压力，Audi、August Horch、DKW、Wanderer 这四家汽车制造公司合并，合并后公司启用新商标——银色四环，相交的环圈好比四兄弟手拉手、心连心，一起闯世界（图 4-4）。银色四环内还保留了四大公司各自的商标，生产基地也迁往克姆尼茨市。

图 4-4 早期的奥迪标志

每辆奥迪汽车的散热器前面和车尾都镶有奥迪公司四个圆环相互连接的图形标志，1985 年又在车尾使用文字商标“Audi”，如图 4-5 所示。

图 4-5 奥迪标志

奥迪汽车公司主要量产车系有 A 系列（涵盖 AO 级别、A 级别、B 级别、C 级别、D 级别车型）（图 4-6）、Q 系列、R 系列、TT 系列、S 系列、RS 系列及由 A 系列繁衍出的 Allroad 系列。

图 4-6 奥迪 A8L 轿车

2. 奔驰汽车公司

戴姆勒－奔驰汽车公司创立于 1926 年，是世界十大汽车公司之一，创始人是卡尔·本茨和戈特利布·戴姆勒。戴姆勒－奔驰的销售额居德国第一位，产量则居第二位，总部设在德国的斯图加特（图 4–7）。它的前身是 1886 年成立的奔驰汽车厂和戴姆勒汽车厂。1926 年两厂合并后，更名为戴姆勒－奔驰汽车公司。如今，奔驰汽车公司除以高质量、高性能豪华汽车（图 4–8）闻名外，它也是世界上最著名的大客车和重型载货汽车的生产厂家。

图 4–7 德国斯图加特奔驰公司总部

图 4–8 豪华奔驰 F800

1986 年，梅赛德斯－奔驰中国有限公司成立。1998 年，德国戴姆勒－奔驰公司和美国克莱斯勒公司合并为全球化运营的戴姆勒－克莱斯勒集团。1999 年，公司首次突破年销售 100 万辆轿车的大关。时至今日，梅赛德斯－奔驰的三叉星徽标识已遍布中国。

图 4–9 奔驰汽车商标

奔驰汽车的商标（图 4–9）是简化了形似转向盘的一个环形圆围着三叉星，并以月桂枝包围着的写有“MERCEDES”和“BENZ”的圆盘为底座。三叉星表示在海陆空领域全方位的机动性，环形圆表示全球营销的发展势头。奔腾飞跃，驰骋千里，充满活力动感，这正是对梅赛德斯－奔驰汽车的最佳写照。

3. 宝马汽车公司

宝马汽车公司的前身是宝马飞机公司，后为巴依尔发动机公司（Bayerische Motoren Werhe），1918 年改为宝马汽车公司。

BMW 是巴依尔发动机公司“Bayerische Motoren Werhe”三个单词的首字母。宝马汽车公司以生产宝马跑车、宝马轿车、宝马摩托车为主，其产品享誉全球。

由于宝马公司是以生产航空发动机开始创业的，所以宝马公司标志中的蓝色为天空，白色为螺旋桨（图 4-10），这是宝马商标的第一大特点；第二大特点就是宝马汽车的散热器（前脸）中间永远是两个合金框进气格栅。

图 4-10 宝马商标

宝马采用了内外双圆圈的图形，并在两个圈圆环之间上方标有 BMW 的字样。内圆的圆形图案采用蓝天和运转的螺旋桨，喻示宝马公司悠久的历史，象征该公司在航空发动机技术方面的领先地位，又象征公司一贯的宗旨和目标——在广阔的时空中，以先进的科学技术、最新的理念满足顾客的最大愿望，反映了公司蓬勃向上的气势和日新月异的面貌。

宝马汽车除了独特的商标外，其外形显示出活泼而又高贵的个性，具有使人眼花缭乱和心驰神往的神韵。宝马在理智中暗藏咄咄逼人的锋芒，时而温顺，时而奔放，超凡的操控性能更令驾驶者惊叹。宝马公司致力于推动中国汽车工业在高科技应用方面的发展。1994 年 4 月，宝马公司在北京设立了代表处。现在，它和华晨汽车公司合作，在中国生产宝马轿车。

宝马汽车公司主要生产 3 系列、5 系列、7 系列、Z3 系列、Z4 系列（图 4-11）、8 系列、阿尔宾娜（Alpina）等车型。宝马汽车公司还拥有 MINI、劳斯莱斯等品牌。宝马汽车公司在十多个国家和地区设有子公司。

图 4-11 宝马 Z4 跑车

4. 大众汽车公司

大众汽车是一家总部位于德国沃尔夫斯堡的汽车制造公司，它是欧洲最大的汽车生产商，同时也是世界四大汽车生产商之一的大众集团的核心企业（图 4–12），汽车产量居世界第五位。大众汽车创建于 1938 年，创始人是世界著名的汽车设计大师费迪南德·波尔舍（图 4–13）。大众汽车公司经营汽车产品占主要地位，是一个在全世界许多国家都有汽车经营的跨国汽车集团。

图 4–12 大众汽车城

图 4–13 费迪南德·波尔舍

大众集团拥有在德国本土的大众汽车公司和奥迪公司，以及设在美国、墨西哥、巴西、阿根廷、南非等国的 7 个子公司。由于大众车型难以满足美国人对大空间的需要，导致销路不畅，因此，大众集团撤销了在美国的子公司，同设备一并卖给了中国第一汽车制造厂继续生产高尔夫、捷达。使大众公司扬名世界的产品是“甲壳虫”轿车（由波尔舍设计），该车型在 20 世纪 80 年代初就已生产了 2 000 万辆，启动了大众公司的第一班高速列车。紧随其后的 POLO、高尔夫（图 4–14）、奥迪、帕萨特、桑塔纳等也畅销全世界。

图 4–14 大众高尔夫

2009 年，在经过长达 4 年之久的收购大战之后，保时捷汽车公司和大众汽车公司的控股家族达成了初步协议。这两家公司合二为一，打造出一家拥有 10 大品牌的欧洲最大的汽车制造商。

目前，大众汽车公司旗下拥有大众、奥迪、宾利、保时捷、斯柯达、西亚特、兰博基尼和布加迪等汽车品牌。

大众汽车公司的德文 Volks Wagenwerk，意为大众使用的汽车，商标（图 4–15）中的 VW 为全称中头一个字母，标志像是由 3 个用中指和食指做出的“V”字组成，表示大众公司及其产品必胜——必胜——必胜。

图 4–15 大众汽车商标

二、美国汽车公司

1. 福特汽车公司

福特汽车公司是世界上最大的汽车企业之一，1903 年由亨利 · 福特先生创立于美国底特律市。现在的福特汽车公司是世界上超级跨国公司，总部设在美国密歇根州迪尔伯恩市（图 4–16）。1908 年福特汽车公司生产出世界上第一辆属于普通百姓的汽车——T 型汽车，世界汽车工业革命就此开始。2009 年 7 月，由于主要竞争对手——通用汽车公司破产重组，出售了 8 个品牌中的 4 个，市场份额下降，因此，福特汽车公司成为全美最大的汽车制造商。

亨利 · 福特先生（图 4–17）成功的秘诀只有一个：尽力了解人们内心的需求，用最好的材料，由最好的员工，为大众制造人人都买得起的好车。在 1999 年，《财富》杂志将他评为“20 世纪商业巨人”，以表彰他和福特汽车公司对人类工业发展所做出的杰出贡献。

图 4–16 福特汽车公司总部

图 4–17 亨利 · 福特

福特汽车公司旗下曾经拥有八大汽车品牌：阿斯顿 · 马丁（Aston Martin）、福特（Ford）、捷豹（Jaguar）、路虎（Land Rover）、林肯（Lincoln）、马自达（Mazda）、水星（Mercury）和

沃尔沃（Volvo）。如今阿斯顿·马丁、捷豹、路虎已经出售；并且卖掉了马自达 20% 的股份；2009 年 12 月 23 日，中国汽车企业浙江吉利控股集团有限公司宣布，已与福特汽车公司就收购沃尔沃轿车公司的所有重要商业条款达成一致。

（1）福特商标

福特汽车的商标（图 4–18）是采用福特英文“Ford”字样，蓝底白字。由于创建人亨利·福特喜欢小动物，所以标志设计者把福特的英文画成形似一只活泼可爱、充满活力、美观大方的小白兔形象，犹如在温馨的自然环境中，一只温顺、可爱的小白兔正在向前飞奔，象征福特汽车奔驰在世界各地，令人爱不释手。

图 4–18 福特汽车商标

（2）林肯商标

林肯是福特汽车公司拥有的第二个品牌，在 1907 年由亨利·利兰（Henry Leland）先生创立，1922 年福特汽车公司收购了林肯品牌。由于林肯车杰出的性能、高雅的造型和无与伦比的舒适，它一直是美国车舒适和豪华的象征。林肯车也是第一个以美国总统的名字命名，为总统生产的汽车。自 1939 年美国的富兰克林·罗斯福总统以来，它一直被选为总统用车。林肯汽车商标（图 4–19）是一颗闪闪发光的辰星和一个近似矩形的外框组成的图案，喻示着林肯牌轿车具有光辉灿烂的明天。

图 4–19 林肯汽车商标

（3）水星商标

水星品牌是福特汽车公司自创的品牌，其商标如图 4–20 所示。第一辆水星轿车是由福特公司在 1937 年设计的，其档次介于福特和林肯豪华轿车之间。

图 4-20 水星汽车商标

2. 通用汽车公司

通用汽车公司（GM）（图 4-21）成立于 1908 年 9 月 16 日，它是由威廉·杜兰特（图 4-22）在别克汽车公司的基础上发展起来的。其标志 GM 取自其英文名称（General Motors Corporation）的前两个单词的第一个字母（图 4-23）。其总部位于美国密歇根州的汽车之城底特律，迄今在全球 35 个国家和地区建立了汽车制造业务。通用汽车公司生产的汽车是美国汽车豪华、宽大、内部舒适、速度快、储备功率大等特点的典型代表。通用汽车公司尤其重视质量和新技术的采用，因而通用汽车公司的产品始终在用户心中享有盛誉。

图 4-21 通用汽车全球总部

图 4-22 威廉·杜兰特

图 4-23 通用汽车公司标志

通用汽车公司的前身是 1903 年由戴维·别克创办的别克汽车公司。1904 年美国最大的马车制造商威廉·杜兰特买下了别克汽车公司并成为该公司的总经理。1908 年，别克汽车公司成为全美主要汽车生产商。同年，杜兰特以别克汽车公司和奥兹汽车公司为基础成立了一家汽车控股公司——通用汽车公司，1909 年又合并了另外两家小汽车公司——奥克兰汽车公司（现在的庞蒂克分部）和凯迪拉克汽车公司。

通用汽车经历了 100 多年的发展，从 1927 年以来一直是全世界最大的汽车公司。2009 年 6 月 1 日。通用汽车申请破产保护；7 月 10 日更名为通用汽车有限公司，结束破产保护，只保留了别克、凯迪拉克、雪佛兰、GMC 四个核心品牌。

（1）别克商标

别克是历史最悠久的美国汽车品牌之一。威廉·杜兰特于 1908 年成立的通用汽车公司，继续沿用了别克品牌作为开拓新公司的基石，并在当年创造出汽车年产量居美国第一位的业绩。

2009 年 7 月，通用汽车完成重组，结束破产保护，别克品牌得以保留（图 4-24）。

图 4-24 别克昂科雷

别克汽车以形似“三颗子弹”的图案为其图形商标（图 4-25）。图中那三颗颜色不同并依次排列在不同高度位置上的子弹，给人一种积极进取、不断攀登的感觉；它表示别克分部采用顶级技术，刃刃见锋，也表示别克分部培养的人才个个游刃有余，是无坚不摧、勇于登峰的勇士。

图 4-25 别克汽车商标

（2）凯迪拉克商标

凯迪拉克公司的历史可以追溯到1902年，当时底特律汽车公司重组并更名为凯迪拉克汽车公司。公司成立时之所以选用“凯迪拉克”之名，是为了向法国的皇家贵族、探险家安东尼·门斯·凯迪拉克表示敬意，因为他在1701年建立了底特律城。1909年凯迪拉克公司加入通用汽车公司。

亨利·利兰德制造的第一辆凯迪拉克汽车是当时最好的汽车——它是当时的唯一。此后，在设计及技术方面的不断创新使其始终在汽车界保持领先地位。可以说，凯迪拉克的历史代表了美国豪华车的历史（图4-26）。100多年来，凯迪拉克在汽车行业创造了无数个第一，缔造了无数个豪华车的行业标准。

图4-26 凯迪拉克CTS轿车

21世纪伊始，凯迪拉克对其商标进行了令人耳目一新的革新，新的商标（图4-27）含有大胆而轮廓鲜明的棱角，反映了凯迪拉克未来的设计理念。新商标色彩明快，整体以铂金颜色为底色，而花冠则保留了原有的色彩组合——金黄与纯黑相映，象征智慧与财富；盾牌由不同色彩的简单块面组成——红色象征行动果敢，银白色代表着纯洁、仁慈、美德与富足，蓝色代表着骑士精神。新的商标再次勾画出凯迪拉克品牌中同时呈现的经典、尊贵和突破精神。

图4-27 凯迪拉克汽车商标

（3）雪佛兰商标

通用汽车公司创始人威廉·杜兰特邀请声誉卓著的瑞士赛车手兼工程师路易斯·雪佛兰共同打造一款面向大众的汽车，1911年，以设计师的名字命名的雪佛兰汽车公司诞生了。1918年，雪佛兰汽车公司被通用汽车公司并购。作为通用汽车集团下最大的品牌，按迄今为止的累积汽车生产量计算，雪佛兰可称得上是世界上最成功的汽车品牌。目前，它在美国销售排行榜上位居第一。自 1912 年推出第一辆车以来，至今销售总量已超过 1 亿辆。

雪佛兰汽车商标（图 4-28）图案化的蝴蝶结，象征雪佛兰轿车的大方、气派和风度。

图 4-28 雪佛兰汽车商标

（3）克莱斯勒汽车公司

克莱斯勒（Chrysler）汽车公司是以创始人沃尔特·克莱斯勒（图 4-29）的姓氏命名的汽车公司，是美国三大汽车公司之一，创建于 1912 年。它曾经两度濒于破产，在美国政府的支持下，才得以生存下来。在这之后，公司不断推陈出新的车型策略和精明的管理制度，使公司的规模迅速壮大。此后，公司又不失时机地设计并推出符合时代潮流的新车型，因此，它享有了比其他汽车品牌更高的声望，展示出了比其竞争者更多的勇气，被喻为美国汽车制造业的设计领导者。

图 4-29 沃尔特·克莱斯勒

1998 年 11 月 12 日，享誉全球的德国戴姆勒－奔驰汽车公司和克莱斯勒公司合并为戴姆勒－克莱斯勒公司（简称戴克公司）。这成为历年来汽车制造业最大的一起合并。由此戴姆勒－克莱斯勒公司成为全美第二大汽车生产商、世界第五大汽车公司。2009 年 4 月 30 日，陷入困境的克莱斯勒公司发表声明宣布申请破产保护。由此，克莱斯勒进入破产程序。同日，美国总统奥巴马宣布克莱斯勒将于美国时间 4 月 30 日正式破产，由美国政府和菲亚特公司接手。

克莱斯勒汽车商标（图 4-30）像一枚五角星勋章，它体现了克莱斯勒家族和公司员工们的远大理想和抱负，以及永无止境的追求和在竞争中获胜的奋斗精神；五角星的五个部分表示五大洲都在使用克莱斯勒汽车公司的汽车，克莱斯勒汽车公司的汽车遍及全世界。

图 4-30 克莱斯勒汽车商标

三、日本汽车公司

1. 丰田汽车公司

丰田汽车公司（图 4-31）是一家总部设在日本爱知县丰田市和东京都文京区的汽车工业制造公司，它是日本最大的汽车公司，创立于 1933 年，隶属于日本三井产业财阀。丰田汽车公司简称“丰田”（TOYOTA），创始人为丰田喜一郎（图 4-32）。

图 4-31 丰田公司总部大楼

图 4-32 丰田喜一郎

丰田汽车公司在 1933 年开始了制造汽车的历史。第二次世界大战之后，丰田汽车公司通过引进欧美技术，并根据日本民族的特点，创造了著名的丰田生产管理模式，大大提高了工厂生产效率。今天，丰田已经发展成为拥有数个车系、数十个车型和车款的庞大家族。它所涵盖的车型从最低端的民用经济小汽车，一直到最高级的豪华轿车和 SUV。不管在世界上任何地方制造的丰田车，都会尽力做到全球统一的丰田高质量，这也是丰田能在全球获得成功的一个重要原因。

（1）丰田汽车商标

丰田汽车公司的 3 个椭圆的标志（图 4-33）是从 1990 年初开始使用的。标志中的大椭圆代表地球，中间由两个椭圆垂直组合成一个T字，代表丰田汽车公司。它象征丰田汽车公司立足于未来，对未来的信心和雄心；还象征着丰田汽车公司立足于顾客，对顾客的保证，象征着用户的心和汽车厂家的心是连在一起的，具有相互信赖感；同时喻示着丰田的高超技术和革新潜力。

图 4-33 丰田汽车标志

（2）雷克萨斯商标

雷克萨斯（Lexus）是日本丰田汽车公司旗下的豪华车品牌，它于1983年被推出，但仅用十几年的时间，自1999年起，在美国的销量超过奔驰、宝马，成为全美豪华车销量最大的品牌。过去，Lexus的中文译名是凌志，2004年6月8日，丰田公司在北京宣布将Lexus的中文译名由“凌志”改为“雷克萨斯”，并开始在中国建立特许经销店，开始全面进军中国豪华汽车市场。

雷克萨斯汽车商标（图4-34）采用车名Lexus第一个字母“L”的大写，“L”的外面用一个椭圆包围着的图案。椭圆代表地球，表示雷克萨斯轿车遍布全世界。

图 4-34 雷克萨斯汽车商标

2. 日产汽车公司

日产汽车公司创立于1933年。1934年开始使用现名“日产汽车公司”。日产汽车公司是日本的第二大汽车公司，也是世界十大汽车公司之一。2009年8月2日，日产汽车公司宣布新总部（图4-35）将迁回公司创始地日本横滨市。新总部秉承环保理念，在设计上致力于降低二氧化碳排放和节约能源。

日产最早的汽车名叫达特桑，只有载货汽车。1952年日产从英国奥斯汀引进A40小客车制造

图 4-35 日产汽车公司新总部

技术，开始了技术引进和吸收的艰难创业。1999 年 3 月，日产汽车公司与法国雷诺汽车公司签订了一个全面的联盟协定，旨在加强日产汽车公司的财政地位，同时获得双赢的发展。这种联盟旨在加强品牌知名度，使其品牌具有明显的能力和特点，能够在 21 世纪的全球市场上有效地参与竞争。目前，日产汽车公司在中国销售的汽车品牌有道客、轩逸、奇骏、新天籁（图 4-36）、骏逸、颐达、骊威等。

图 4-36 日产新天籁

（1）日产汽车商标

日产汽车公司商标（图 4-37）中，圆表示太阳，中间的字是“日产”两字的日语拼音形式，即日本产业的简称。整个图案的意思是“以人和汽车的明天为目标”。

图 4-37 日产汽车商标

（2）英菲尼迪商标

1989 年 11 月 8 日，日产汽车公司的豪华品牌 Infiniti（英菲尼迪）在北美首次面世。几年之内，英菲尼迪迅速成为北美豪华车市场最重要的品牌之一。到 2005 年，英菲尼迪在美国的累计销量已经超过了 100 万辆。

英菲尼迪的椭圆形标志（图 4-38）表现的是一条无限延伸的道路。椭圆曲线代表无限扩张之意，也象征着"全世界"；两条直线代表通往巅峰的道路，象征无尽的发展。英菲尼迪的标志和名称象征着英菲尼迪人的一种永无止境的追求，那就是创造有全球竞争力的真正的豪华车用户体验和最高的客户满意度。

图 4-38 英菲尼迪汽车商标

3. 本田汽车公司

本田汽车公司是世界上最大的摩托车生产厂家，汽车产量和规模也在世界十大汽车厂家之列。1948 年，传奇式人物本田宗一郎（图 4-39）创立了本田公司。公司的总部在东京，全球雇员总数达 18 万人以上。现在本田公司已是一个跨国汽车、摩托车生产销售集团。目前除日本之外，本田在全世界 29 个国家拥有 120 个以上的生产基地，通过摩托车、汽车和通用产品，每年惠顾的客户多达 1 700 万以上。

本田汽车公司素有日本汽车技术发展排头兵之称。在技术开发和研究上的大规模投入，使本田汽车公司获得了丰硕的科技成果。同时本田汽车公司也是日本第一个达到美国标准的汽车公司。本田汽车公司向赛车运动展开挑战的历史，是从宣布参加 1954 年英国马恩岛 TT 车赛开始的。自从参加 TT 车赛以来，本田汽车公司相继参加了 F2、F1（图 4-40）等世界最高水平的汽车大赛。作为时刻保持挑战精神的制造厂家，本田汽车公司在极限状况下不断提高自己的技术，精益求精。

图 4-39 本田宗一郎

图 4-40 本田涂装地球 F1 赛车

（1）本田汽车商标

本田宗一郎用自己的姓氏作为本田公司的名称和商标（图 4-41）。“H”是“本田”汽车和“本田”摩托车的图形商标，是“本田”日文拼音“HONDA”的第一个大写字母。1980 年，为了体现本田公司的年轻、技术先进和设计新颖的特点，公司决定使用形似三弦音箱的“H”商标，该商标把技术创新、团结向上、经营有力、紧张感和轻松感体现得淋漓尽致。

图 4-41 本田汽车商标

（2）讴歌汽车商标

自 1986 年 Acura（讴歌，图 4-42）在美国诞生以来，备受人们推崇，迅速成为北美市场上最成功的豪华品牌之一。

讴歌源于拉丁语中的“acu”，意味着“精确”。最初，讴歌以一把专门用于精确测量的卡钳为商标的原型，作为点睛之笔，由本田公司的创始人和精神领袖本田宗一郎在两个钳把之间加入了一个小横杠，由此用象形的大写字母“A”来代表这一品牌。不论是拉丁语原意，还是作为商标原型的卡钳，都寓意着代表最高造车水平的讴歌这一品牌的核心价值：精确、精密、精致。

图 4-42 讴歌汽车商标

4. 马自达汽车公司

马自达汽车公司创建于 1920 年，它的创始人松田在广岛以生产葡萄酒瓶木塞起家。该公司原名东洋软木工业公司，1927 年改称东洋工业公司。1984 年，公司以创始人松田的姓氏音译“马自达”命名。

1931 年，马自达公司以生产三轮载货汽车为起点，开始涉足汽车制造业。1940 年开始生产小轿车。1967 年和汪克尔公司签订协议，取得转子发动机生产权利，从而开始了马自达公司的迅猛发展期。1993 年，马自达和福特公司建立了新型战略合作关系，2009 年由于金融危机的影响福特汽车公司出售了 20%的马自达股份。

马自达以其辉煌的技术创新历史而自豪，尤其以转子发动机为代表。如今，马自达是世界上唯一生产汽油机、柴油机和转子发动机的厂家。Mazda RX-8（图 4-43）安装了最新投入使用的转子发动机，是一辆真正带有马自达基因的汽车。

图 4-43 马自达 RX-8

自马自达与福特合作之后，马自达汽车公司发布了新的注册商标（图 4-44）。崭新的设计图案意味着马自达要展翅高飞，技术不断突破，以无穷的创意和真诚的服务勇闯车坛顶峰，迈向新世纪。

mazda

图 4-44 马自达汽车商标

5. 三菱汽车公司

三菱汽车公司是日本第五大汽车制造商，全球第十五大汽车制造商，生产私家车及轻型商用车辆（图 4-45），总部位于日本东京，属于三菱集团的核心企业之一。三菱汽车虽然只是三菱集团的一个部门，但是它拥有日本汽车业界最强的研发实力。因为三菱企业的源头——日本邮船、三

图 4-45 三菱电动小精灵“i-MiEV”

菱仓库及三菱商社，都是拥有百年商誉的日本“重量级”企业，投资范围涵盖造船及其他重工业、保险和银行、原子能研究、电脑电子工程，以及日本的太空研究计划主干——太空火箭的设计和制造。

三菱汽车的商标是岩崎家族的家族标志“三段菱”和土佐藩主山内家族的家族标志“三柏菱”的结合，后来逐渐演变成今天的三菱商标（图 4-46）。日本三菱汽车以三枚菱形钻石为标志，正为突显其雅致的菱钻式的造车艺术。

图 4-46 三菱汽车商标

四、法国汽车公司

1. 标致 - 雪铁龙集团

标致 - 雪铁龙集团是法国第一大汽车生产集团（Peugeot Societe Anon Yme，PSA），是世界著名的汽车公司。该公司是由标致汽车公司、雪铁龙汽车公司、塔尔伯特汽车公司于 1976 年合并而成的。

1890 年，法国人阿尔芒·标致（Armand Peugeot，1889—1928 年，图 4-47）创立了标致汽车公司（我国曾将 Peugeot 译为“别儒”）。

图 4-47 阿尔芒·标致坐在 Peugeot 28 型敞篷车中

标致汽车公司采用所在省蒙贝利亚尔省徽“狮子”作为标志（图 4-48），也是汽车产品的商标，

图 4-48 标致汽车公司标志

喻示标致汽车永远保持旺盛的生命力。

“狮子”标志非常别致、有品位，简洁、明快的线条象征着今天更为完美，表示标致更为成熟。独特的造型既突出力量，又强调了节奏，更富有时代气息。

标致汽车公司生产的所有车型都用公司的标志作为商标。主要车型有：标致 306ST、标致 106、标致 406（在 1996 年获得欧洲最佳车第二名）、标致 450、标致 505、标致 206、标致 307（图 4-49）等。

图 4-49 标致 307 汽车

雪铁龙汽车公司以创始人安德烈·雪铁龙（Andre Citroen，1878—1935 年，图 4-50）的姓氏命名，是标致 - 雪铁龙集团的重要成员。

图 4-50 安德烈 · 雪铁龙

雪铁龙汽车公司采用两个人字形齿轮重叠的两对齿作为公司标志和汽车商标（图 4-51），以纪念安德烈 · 雪铁龙于 1912 年发明了人字齿轮。

图 4-51 雪铁龙汽车公司标志

目前，雪铁龙汽车公司在 10 多个国家设有子公司。雪铁龙汽车公司的经典车型有 ZCV、DS、SM、CX、XM 系列轿车（图 4-52），以及萨克索（Saxo）、桑蒂雅（Xantia）等。1995 年雪铁龙汽车公司与中国东风汽车公司合作成立神龙汽车有限公司，生产富康牌轿车。

图 4-52 雪铁龙轿车

1995 年，生产雪铁龙 ZX 系列轿车的中国东风汽车公司采用 Eole 商标，即希腊文“风神”。成立的公司称为神龙汽车公司，是将西方的“风神”和东方的“龙”相结合。

2. 雷诺汽车公司

雷诺汽车公司是世界十大汽车公司之一，法国第二大汽车公司，创立于 1898 年，创始人是路易·雷诺（Louis Renault，1877—1944 年，图 4-53）。而今的雷诺汽车公司已被收为国有，是法

图 4-53 路易·雷诺

国最大的国有企业，也是世界上以生产各型汽车为主，涉足发动机、农业机械、自动化设备、机床、电子、塑料、橡胶业的垄断工业集团。

雷诺公司第一次大发展是在第一次世界大战中，它为军队生产枪支弹药、飞机并设计出轻型坦克，使雷诺公司大发横财。战争结束后，公司转向农业机械和重型柴油汽车生产，其柴油机技术处于世界领先地位。第二次世界大战期间，雷诺公司为德国法西斯效劳，为德国军队提供大量坦克、飞机发动机和其他武器。因而战争结束后，雷诺公司被法国政府接管，路易·雷诺被捕入狱。战后，在法国政府的支持下，雷诺公司得以进入第二次大发展时期。公司利用国家资本，兼并了许多小汽车公司，并发挥了雷诺公司的技术潜力，开发出多种汽车新产品。

雷诺公司的商标如图 4–54 所示，公司总部设在法国比杨古。

图 4–54 雷诺汽车商标

雷诺汽车公司的汽车产品十分齐全，除小客车和载货车外，各种改装车、特种车应有尽有，在十大汽车公司中也是独此一家。雷诺公司下分为小客车、商用车、自动化设备以及工业产品四个分部，统管国内外所有子公司。

雷诺汽车公司的经典车型有雷诺 Cilo、雷诺 19 型、雷诺 25 型等。目前，雷诺汽车公司拥有雷诺（图 4–55）、日产等品牌。

图 4–55 雷诺轿车

五、英国汽车公司

1. 劳斯莱斯汽车公司

劳斯莱斯（Rolls–Royce）是汽车王国雍容高贵的唯一标志，无论劳斯莱斯的款式如何老旧，造价多么高昂，至今仍然没有挑战者。1906 年劳斯莱斯（Rolls-Royce）汽车公司在英国正式宣告成立，次年推出的 Silver Ghost（银色幽灵）轿车，不久便被誉为“世界上最好的汽车”。

劳斯莱斯汽车公司的创始人是 Charles Stewart Rolls（查理·劳斯）和 Frederick Henry Royce（亨利·莱斯）（图 4-56）两人的出身、爱好、性格完全不同，但对汽车事业的执着和向往，使他们成为一对出色的搭档。Rolls 于 1910 年 7 月 12 日遭遇空难，Royce 于 1933 年 4 月 22 日去世。

图 4-56 查理·劳斯（左）和亨利·莱斯（右）

劳斯莱斯的车标如图 4-57 中重叠在一起的两个 R，分别为劳斯和莱斯姓氏的第一个字母，体现了两人融洽、和谐的合作关系。

图 4-57 劳斯莱斯汽车标志

最初的劳斯莱斯与其竞争对手相比具有两大特点：制造工艺简单、行驶时噪声极低，这两大优势很快就成为劳斯莱斯的经典。第一辆真正的传奇之作 Silver Ghost 诞生于 1906 年，它首次露面于巴黎汽车博览会，其金色钟顶形散热器非常引人注目，直到今天这一造型依然是劳斯莱斯不可替代的设计元素。除了独特的外观，Silver Ghost 还拥有领先于时代的技术：强制润滑；7 升 6 缸发动机输出功率可达 35kW；最高车速达 110km/h，这在当时绝对是一项世界纪录。

劳斯莱斯最与众不同之处，就在于它大量使用了手工劳动，在人工费相当高昂的英国，这必然会导致生产成本居高不下，这也是劳斯莱斯价格惊人的原因之一。直到今天，劳斯莱斯的发动机还完全是用手工制造。更令人称奇的是，劳斯莱斯车头散热器的格栅完全是由熟练工人用手和眼来完成的，不用任何丈量的工具。而一台散热器需要一个工人一整天时间才能制造出来，然后还需要 5h 对它进行加工打磨。

现在，劳斯莱斯汽车的年产量只有几千辆，品牌的成功得益于它一直秉承了英国传统的造车艺术：精练、恒久、巨细无遗。因此令人难以置信的是，自 1906 年到现在，超过 60% 的劳斯莱斯仍然性能良好。

除了制造汽车，劳斯莱斯还涉足飞机发动机制造领域，它也是世界上最优秀的发动机制造者，著名的波音客机用的就是劳斯莱斯的发动机。

2003 年劳斯莱斯汽车公司归入宝马公司旗下。

劳斯莱斯的经典车型有银色幽灵（图 4-58）、银色黎明、银云、幻影、滨海大道、银色精灵和银色马刺等等。

图 4-58 劳斯莱斯银色幽灵轿车

2. 捷豹汽车公司

捷豹（Jaguar）是英国的一家豪华汽车生产商，商标为一只跳跃前扑的美洲豹形象，其矫健勇猛、形神兼备（图 4-59），具有时代感与视觉冲击力，它既代表了公司的名称，又表现出向前奔驰的力量与速度，象征该车如美洲豹一样驰骋于世界各地。世界奢华汽车品牌捷豹自诞生之初就深受英国王室的推崇，从伊丽莎白女王到查尔斯王子等王室贵族无不对捷豹青睐有加，捷豹还是威廉王子大婚的座驾，尽显王家风范。1989 年，捷豹被美国福特汽车公司并购，2008 年 3 月 26 日，福特又把捷豹连同路虎（Landrover）售予印度塔塔汽车公司。自 2008 年加入塔塔汽车公司大家庭以来，捷豹开始拥有一个真正的全球前景。布朗维奇堡维工厂生产的捷豹汽车，有 80% 以上出口到全球 101 个市场，包括中国，美国和欧洲等主要市场。

图 4-59 捷豹汽车商标

捷豹汽车的历史源远流长，可以追溯到 1922 年威廉·里昂斯爵士创造出第一辆跨斗摩托车之时。1932 年 Jaguar 这个名字首次随着一款完全独自设计制造的全新轿车 SS Jaguar 的面世而首次出现。

捷豹品牌自从创立以来，就始终致力于为用户提供优雅迷人而又富于动感激情的汽车，在其历史发展的不同时期也涌现出了多款经典车型，奠定了捷豹品牌引领时尚潮流的地位。从连续多年登顶勒芒赛场的捷豹 D-Type，到被纽约现代艺术博物馆列为永久珍藏品的 E-Type，再到被人们称为所能想象的最美观的汽车的 XJ13；从 10 年畅销的捷豹 XK8，再到全新捷豹 XJ，再到捷豹有史以来第一款 SUV 概念车 C-X17 于 2013 年法兰克福车展首次亮相；无论在哪个时期，捷豹始终以其优雅迷人的设计和卓越不凡的技术引领着豪华车市场的新潮流，成为代表时尚的奢华标志并借此在全球吸引了无数的追随者（图 4-60）。

图 4-60 捷豹汽车

六、意大利汽车公司

1. 菲亚特汽车公司

菲亚特汽车公司的总部在都灵，是意大利最大的集团公司，也是世界著名的汽车制造公司之一。该公司是一个结构十分庞大的组织，其所属 700 多家公司和几万个销售网点遍布全世界，是一个国际性公司，在近 10 个国家设厂，有多个国家购买其生产许可证。

菲亚特汽车公司年收入相当于意大利国民生产总值的 40% 左右。菲亚特汽车公司结构复杂，实力强大，素有“国中之国”的雅号。

菲亚特汽车公司由 11 个部门组成：小客车部、商用和工业车辆部、农业拖拉机部、建筑机械部、钢铁部、零部件部、机床和生产系统部、土木工程和土地利用部、能源部、铁道车辆和轨道运输系统部以及旅游和运输部。此外，菲亚特公司还拥有一个财政、其他产品部和一个研究中心。

菲亚特汽车公司的标志几经变化，目前生产的汽车都用圆形“FIAT”商标（图 4-61）或条型“FIAT”商标（图 4-62），用三位阿拉伯数字表示其型号。

菲亚特汽车公司的经典车型有：节奏（Ritmo）、米拉费欧丽（Mirafiori）、道路（strada）、

图 4-61 菲亚特商标

图 4-62 菲亚特商标

田野（Campagnola）、快意（Punto）和布拉旺（Bravo）、马利昂（Marea）、小帆船（Barchetta）、熊猫（Panda，图 4-63）、布拉娃（Brava）、优利赛（Uiysse）、乌诺（Uno）、杜娜旅行车（Duna Weekend）、派力奥（Palio）等。

图 4-63 菲亚特熊猫

2. 阿尔法·罗密欧汽车公司

阿尔法·罗密欧汽车公司是意大利第二大汽车公司，于1910年在米兰创建，20世纪80年代末被菲亚特汽车公司兼并，使这个奄奄一息的公司得以重放异彩。阿尔法·罗密欧公司主要生产小客车、赛车、载货车，并在国外设有子公司。

阿尔法·罗密欧公司的标志是米兰市的市徽，也是中世纪米兰的领主维斯康泰公爵的家徽（图 4-64）。标志中左边的十字部分来源于十字军从米兰向外远征的故事。右边部分是原米兰大公的徽章，其中的蛇正在吞撒拉逊人的图案有种种传说，比较可信的说法是维斯康泰的祖先曾经击退了使城市人民遭受苦难的“龙形蛇”。外环圈的上半部标注有公司的名字“ALFA ROMEO”。这一标志从 1911 年开始成为阿尔法·罗密欧公司标志和所生产的汽车的商标。

图 4-64 阿尔法·罗密欧汽车商标

阿尔法·罗密欧汽车公司的经典车型有阿尔法（Alfa）、蜘蛛（Spider）、阿尔菲塔（Alfetta）、吉利耶塔（Giulietta）、阿尔法苏（Alfasud）等。

著名的阿尔法·罗密欧跑车（图 4-65）有 145/146 型、155 系列、164 系列、GTV、斯派德（Spider）、1996 款“流云”等。

图 4-65 阿尔法·罗密欧跑车

3. 法拉利汽车公司

法拉利汽车公司于1929年成立，以创始人恩佐·法拉利（Enzo Ferrari，1898—1988年，图4-66）的姓氏命名。意大利素有“高性能汽车王国”之称，法拉利跑车无疑是王冠上最美的钻石。法拉利公司总部在兰托（Rento），主要生产轿车和赛车。

图 4-66 恩佐·法拉利

法拉利汽车公司的商标（图4-67）是黑色的“飞马”，底色为摩德纳（工厂所在地）金丝雀羽毛的颜色。这个“飞马”标志原为意大利空军战斗英雄佛朗希斯科·巴拉克的护身符，“飞马”保佑他在历次空战中获胜。巴拉克在生活中也非常喜欢马，他所用的物品都有马的图案，他也是

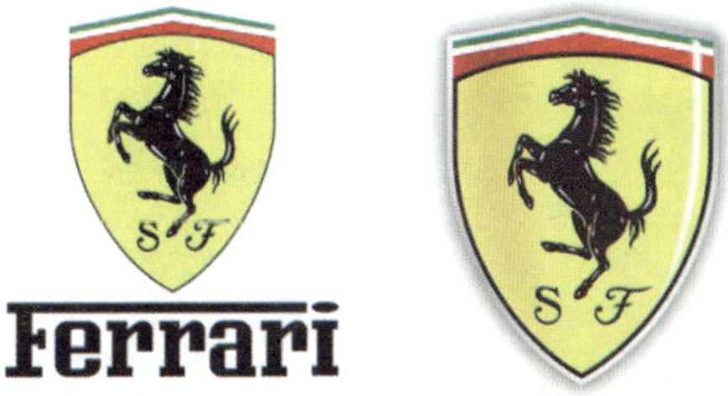

图 4-67 法拉利汽车商标

一个技术高超的骑手。

法拉利一直是高品质跑车的代名词，每款跑车都是其他公司望尘莫及的（图 4-68）。

法拉利公司的经典车型有法拉利 F355 Spider、法拉利 F50 Ferrari、法拉利 F512M、法拉利 F456GT 等。

图 4-68 法拉利跑车

4. 兰博基尼汽车公司

1962 年，佛鲁西欧·兰博基尼（Ferruccio Lamborghini，1916—1993 年，图 4-69）在摩迪纳创建一家生产赛车的公司，1987 年被美国的克莱斯勒公司兼并。

图 4-69 佛鲁西欧·兰博基尼

佛鲁西欧·兰博基尼制造了一系列拖拉机（图 4-70 ）、燃油燃烧器及空调系统，从而为自己的品牌树立了声望。

图 4-70 佛鲁西欧·兰博基尼和他设计的汽车、拖拉机

兰博基尼汽车公司的标志是一头公牛（图 4–71），它浑身充满力量，正准备冲击，喻意该公司生产的赛车功率大、速度快、战无不胜。

图 4–71 兰博基尼汽车公司标志

兰博基尼汽车（图 4–72）是唯一能在收藏车市场上与法拉利叫板的车型。

图 4–72 兰博基尼汽车

七、中国汽车公司

1. 一汽集团

一汽集团即解放汽车工业联营公司，组建于 1982 年，是以第一汽车制造厂为主体，以解放牌汽车系列产品为龙头，由直属企业、合资企业和配套企业组成的多层次联合体。一汽是我国最早生产汽车的工厂，是我国汽车工业的摇篮。一汽于 1986 年完成换型改造工程，形成年产 8 万辆 CA141 系列货车的生产规模。一汽与德国大众汽车公司合资成立一汽大众汽车有限公司，生产奥迪牌高级轿车和高尔夫、捷达牌普及型轿车。

一汽集团直属的主要汽车制造厂有：吉林轻型车厂、长春轻型车厂、青海汽车制造厂、无锡汽车制造厂、常州客车厂、大连柴油机厂、长春汽车发动机厂、哈尔滨汽车齿轮厂等。

一汽集团的标志是将“第 1 汽车”中“1 汽”两字艺术化地组合，置于隐喻地球的椭圆内。整个标志镶嵌在汽车的进气格栅上（图 4–73）。

一汽早期生产的解放牌货车，其标志为毛泽东主席手书的“解放”两字，周围以冲压的五角星、祥云为衬托（图 4–74）。

图 4-73 一汽集团的标志

图 4-74 一汽早期生产的解放牌货车

一汽在后期生产的红旗轿车上，又采用毛泽东主席手书的“红旗”二字和置于椭圆内的阿拉伯数字“1”的组合图案以及立体的红旗为标志（图 4-75）。

图 4-75 后期生产的红旗轿车标志

一汽集团的自有品牌有红旗明仕（图 4-76）、红旗世纪星、红旗旗舰等。在解放系列载货汽车和轻、微型客车中，解放 CA1091 和解放 J6（图 4-77）已经成为拳头产品，畅销不衰。

图 4-76 红旗明仕

除此之外，一汽集团还生产奥迪、高尔夫、捷达、宝来、花冠、威驰、马自达 6 等合资品牌轿车。

2. 东风汽车公司

东风汽车公司（原中国第二汽车制造厂）是依靠我国自己的力量设计、建设和装备起来的汽车生产企业。经过 40 多年的建设和发展，东风公司相继建成了十堰、襄阳、武汉三大汽车生产基地、

图 4-77 解放 J6 重型货车

11 个专业厂、5 个全资和控股子公司，有职工 13.3 万人，成为集生产、科研、开发、经营为一体的跨地区、跨行业的现代化汽车企业集团。

目前，东风公司拥有 28 个直属企业、54 个全资和控股子公司，汽车年生产能力逾 30 万辆；可为用户提供重、中、轻、轿四大系列 8 个基本车型，150 多种变型车、170 多种改装车，8 个系列 16 种发动机，是国内汽车行业生产品种最多、车型覆盖面最宽的企业。

东风汽车公司始建于 1969 年。1975 年 7 月 1 日，第一个基本车型 2.5t 越野车 EQ240 的生产能力初步形成。1978 年 7 月 15 日，第二个基本车型 5t 民用载货车 EQ140 生产能力形成。

1981 年，在国内率先成立企业集团——东风汽车工业联营公司（东风汽车集团）。

1986 年到 1992 年，二汽在襄樊（今襄阳）开辟和建设包括年产 3 万吨铸件、6 万台康明斯 B 系列发动机以及国内规模最大、功能最全的汽车试验场在内的第二个生产基地。同时，引进开发了 EQ1141G 八平柴、EQ1118G 六平柴系列重型车。

1992 年，二汽正式更名为东风汽车公司。为适应市场结构调整，东风汽车公司开展了以轻轿建设为重点的第三次创业。目前，东风汽车公司的合资企业有神龙公司（与法国雪铁龙合作）、东风日产（与日本日产合作）、东风悦达起亚（与韩国起亚合作），子公司有东风康明斯发动机有限公司、东风襄樊专用汽车有限公司、汉阳特种汽车制造厂、杭州汽车制造厂、云南汽车厂、柳州汽车制造厂、郑州轻型汽车制造厂等。

东风汽车公司采用圆环内的“双飞燕”为标志（图 4-78），整个标志镶嵌在汽车的进气格栅上，如图 4-79 所示。

图 4-78 东风汽车公司的“双飞燕”标志

图 4-79 镶嵌在汽车的进气格栅上的东风标志

3. 上海汽车工业（集团）公司

上海汽车工业（集团）公司的核心企业是上海汽车工业总公司与德国大众汽车公司合资建立的上海大众汽车有限公司，该公司成立于 1985 年，生产桑塔纳牌轿车（图 4-80）。

原上海汽车厂后来并入该厂，过去长期生产的上海牌轿车遂停止了生产。该公司 1993 年跃上新台阶，年产轿车 10 万辆，其销售额和利税居全国汽车行业之首，国产化率达到 80.47%，连续多年登上全国十佳生产型合资企业金榜。

图 4-80 桑塔纳牌轿车

属于上汽集团的主要企业还有上海重型汽车厂、上海通用汽车公司以及许多生产零部件的配套厂。

目前，上汽集团生产的主要车型有途观、帕萨特、波罗、别克君威等。

4. 天津一汽夏利汽车股份有限公司

天津一汽夏利汽车股份有限公司是中国第一汽车集团公司控股的经济型轿车制造企业，是一家集整车制造，发动机、变速器生产以及科研开发于一体的股份制公司。

公司的前身是天津汽车夏利股份有限公司，成立于 1997 年 8 月 28 日。

夏利汽车的商标如图 4-81 所示，其新车型夏利 N3（图 4-82）在国内微型轿车市场上一直产销两旺，发展势头良好。

图 4-81 夏利汽车的商标

图 4-82 夏利 N3 轿车

2002 年 6 月 14 日，中国第一汽车集团公司与天津汽车工业（集团）有限公司联合重组，一汽集团持有公司 50. 98% 的股份，对公司拥有控股权，天津汽车夏利股份有限公司正式融入一汽体系之中，天津一汽夏利汽车股份有限公司由此得名。

公司目前主要拥有一个自有品牌（夏利）、三个合作品牌（威姿、雅酷、威乐）、两个合资品牌（威驰、卡罗拉）汽车产品，天内牌系列汽车发动机、天齿牌系列汽车变速器也是企业的拳头产品。

5. 中国重型汽车集团

中国重型汽车联营公司即重汽集团，组建于 1983 年，总部在山东省济南市，下属主要企业有济南汽车制造总厂、四川汽车制造厂、陕西汽车制造厂等。

这些厂在原有生产黄河牌（图 4–83）、红岩牌等重型汽车的基础上，在“七五”计划期间，由重汽集团安排，引进奥地利技术，生产斯太尔系列重型汽车。

重汽集团其他主要企业有：杭州汽车发动机厂、重庆汽车发动机厂和潍坊柴油机厂等。

图 4–83 黄河牌重型汽车

6. 北京汽车工业控股有限责任公司

北京汽车工业控股有限责任公司（简称北汽控股公司）是由北京市人民政府投资，对北京汽车工业集团总公司进行改制组建的国有独资公司。

目前，北汽控股公司所属全资、控股、参股的整车制造、零部件制造、汽车服务贸易和投资企业共 32 个，总资产约 296 亿元，员工总数 4 万多人。

北京汽车工业的发展已有 40 多年的历史。20 世纪 60 年代以来，北汽控股公司及前身企业自主研发生产了 BJ212 越野车和 BJ130 轻型卡车，成为中国轻型汽车的生产基地。1984 年 1 月，北汽控股公司与美国克莱斯勒公司共同投资成立了中国第一个汽车整车制造合资企业——北京吉普汽车有限公司。至 2004 年 9 月，北汽控股公司已实现累计产销汽车 300 万辆。

北汽控股公司于 2002 年 10 月与韩国现代汽车集团共同组建北京现代汽车有限公司。几年来，北京现代汽车有限公司实现了快速发展，2004 年 10 月，汽车产销量跃居全国各轿车生产厂第三名。

北汽控股公司与戴姆勒·克莱斯勒公司一直保持着良好的合作关系，2001 年 3 月，双方续签了 30 年的新的合资合同，并与日本三菱汽车公司签订了帕杰罗、欧蓝德汽车技术转让协议。

现在，北汽控股公司已拥有克莱斯勒、Jeep、三菱、现代等国际品牌和北京、欧曼、时代、奥铃、风景、北汽福田（图 4–84）等自主开发的民族品牌，实现了国际品牌和民族品牌比较完美的结合，形成了轿车、商用车、越野车的三大板块生产格局。

图 4-84 北汽福田皮卡

7. 浙江吉利控股集团有限公司

浙江吉利控股集团有限公司是国内汽车行业十强中唯一一家民营轿车生产企业，始建于 1986 年，经过 20 多年的建设与发展，在汽车、摩托车、汽车发动机、变速器、汽车电子电器及汽车零部件制造领域取得了辉煌业绩。

吉利汽车的新旧两个商标如图 4-85 和图 4-86 所示。

图 4-85 吉利汽车旧商标

图 4-86 吉利汽车新商标

浙江吉利控股集团有限公司现有吉利豪情、美日、优利欧、美人豹、华普、自由舰、吉利金刚（图 4-87）、吉利远景（图 4-88）等八大系列 30 多个品种的轿车；拥有 1.0L（三缸）、1.0L（四缸）、1.0L VVT-i、1.3L、1.5L、1.6L、1.8L、1.8L VVT-i 等八大系列发动机；拥有 JLS160、JLS160A、JLS110、JLS170、JLS90、Z110、Z130、Z170 等八大系列变速器。上述产品均已通过国家 3C 认证，

图 4-87 吉利金刚轿车

并达到欧Ⅲ排放标准，其中 1.0L（四缸）、1.0L VVT-i 发动机已经达到欧Ⅳ标准；吉利拥有上述产品的完全自主知识产权。

图 4-88 吉利远景轿车

浙江吉利控股集团有限公司在北京建立了吉利大学，在临海建立了吉利汽车轿车开发中心和试验中心；在上海建立了新能源、清洁燃料、混合动力、电动汽车及经典车型研发中心；在宁波建立了发动机研究所、变速器研究所；在路桥建立了电子电器研究所。为加大自主创新步伐，吉利集团正在筹建一个集成世界先进技术的开放型研发中心和一个创新成果应用平台。

目前，吉利汽车各研究所拥有较强的轿车整车、发动机、变速器和汽车电子电器的开发能力，每年可以推出 4 ~ 5 款全新车型和机型；拥有一批行业顶尖的汽车专家和技术力量。自主开发的 4G18 发动机，升功率达到 57.2kW，处于国际先进水平；自主研发的自动变速器填补了国内空白，并获得 2006 年度中国汽车行业科技进步唯一的一等奖；自主研发的 EPS 开创了国产品牌的汽车电子助力转向系统的先河。

以“造老百姓买得起的好车，让吉利汽车走遍全世界”为企业理念的吉利控股集团代表着中国民族汽车工业的希望。

8. 奇瑞汽车有限公司

奇瑞汽车有限公司于 1997 年注册成立，1997 年 3 月 18 日动工建设。1999 年 12 月 18 日，第一辆奇瑞轿车下线。2007 年 8 月 22 日，奇瑞公司第 100 万辆汽车下线，标志着奇瑞已经实现了通过自主创新打造自主品牌的第一阶段目标，正朝着通过开放创新打造自主国际名牌的新目标迈进。

奇瑞公司自成立以来，一直坚持发扬自立自强、创新创业的精神，坚持以“聚集优秀人力资本，追求世界领先技术，拥有自主知识产权，打造国际知名品牌，开拓全球汽车市场，跻身汽车列强之林”为奋斗目标，在激烈的市场竞争中，不断增强核心竞争力。经过 10 多年的跨越式发展，奇瑞公司已拥有整车、发动机及部分关键零部件的自主研发能力、自主知识产权和核心技术，目前已成为我国最大的自主品牌乘用车研发、生产、销售、出口企业，为应对更为残酷的竞争和更快发展奠定了基础。

奇瑞公司现有轿车公司、发动机公司、变速器公司、汽车工程研究总院、规划设计院、试验技术中心等生产、研发单位，具备年产整车 65 万辆、发动机 40 万台和变速器 30 万套的生产能力。

奇瑞汽车公司的标志如图 4-89 所示。

现已投放市场的整车有 QQ3、QQ6、A1、瑞麒 2、开瑞 3、A5、瑞虎 3（图 4-90）、东方之子、旗云（图 4-91）、Cross 等 10 个系列数十款产品。

图 4-89 奇瑞汽车公司的标志

图 4-90 奇瑞瑞虎 3

图 4-91 奇瑞旗云

目前，奇瑞已向全球60余个国家和地区出口汽车及零部件，轿车出口量连续5年稳居中国第一。2007年，奇瑞还先后与美国量子、克莱斯勒，意大利菲亚特等企业建立合作合资关系，开创了中国汽车工业跨国合作的新阶段。

9. 沈阳华晨金杯汽车有限公司

沈阳华晨金杯汽车有限公司（简称“华晨金杯”）的前身是沈阳金杯客车制造有限公司，于2003年1月正式更名，是华晨中国汽车控股有限公司的核心生产企业。

沈阳金杯客车制造有限公司是华晨中国汽车控股有限公司与沈阳金杯汽车股份有限公司投资组建的合资企业，成立于1991年7月22日。

华晨金杯拥有2个整车品牌、三大整车产品。这2个整车品牌即“中华”（图 4-92）和“金杯”（图 4-93）系列；三大整车产品包括自主品牌中华轿车（图 4-94）、国内同类车型中市场占有率接近60%的金杯海狮轻型客车、引进丰田高端技术生产的金杯阁瑞斯多功能商务车。

图 4-92 中华汽车商标

图 4-93 金杯汽车商标

图 4-94 中华轿车

10. 上汽通用五菱汽车股份有限公司

2002 年 11 月 18 日正式挂牌成立的上汽通用五菱汽车股份有限公司（图 4-95），是由上海汽车集团股份有限公司、通用汽车（中国）公司、柳州五菱汽车有限责任公司三方共同组建的大型中外合资汽车公司。

图 4-95 上汽通用五菱汽车股份有限公司厂区

上汽通用五菱汽车股份有限公司拥有柳州、青岛两大生产基地，全面实施通用汽车公司的全球制造管理体系，合资几年来，公司的规模不断扩大，产销量持续增长，已经发展成为一家国际化和现代化的微型、小型汽车制造企业。

自 2006 年起，上汽通用五菱汽车股份有限公司已连续 5 年成为国内微型车销量冠军。2009 年又成为国内第一家年产销双超 100 万辆的单一车企业；2010 年销售突破 123 万辆，全年销量再创历史新高。

上汽通用五菱汽车股份有限公司目前拥有国内规模最大的经销商营销网络，销售、服务网点总数超过 3000 个，几乎覆盖所有的地级以上城市和超过 40% 的县级城市。

上汽通用五菱汽车股份有限公司的主标志（图 4-96）由五个鲜红的菱形组成，形似鹍鹏展翅，雄

图 4-96 五菱汽车商标

鹰翱翔。有上升、腾举之势，象征着五菱的事业不断发展。

（1）五菱之光

2002 年 11 月 18 日，第一辆“五菱之光”下线。“五菱之光”是依托上汽集团、通用汽车的先进管理水平并结合五菱 17 年丰富的微型车制造经验，自主设计开发的微型商用车，是中国微型车历史上市场成长最快、国内销量最大的单一平台车型。2010 年 1 月，“新五菱之光”（图 5-97）于中国济南隆重上市，续写着五菱之光的销量辉煌。

（2）五菱扬光

2004 年 9 月，“五菱扬光”（图 5-98）上市，填补了上汽通用五菱汽车股份有限公司高档微型客车的空白。

图 5-97 五菱之光汽车

图 5-98 五菱扬光汽车

（3）五菱鸿途

2007 年 3 月 1 日，“五菱鸿途”（图 5-99）正式上市。“五菱鸿途”是上汽通用五菱推出的拥有知识产权的新时代微型客车，创新添加的轿车设计元素，满足多种商用和乘用的需求。

图 5-99 五菱鸿途汽车

(4)五菱荣光

2008年6月13日，由上汽通用五菱青岛分公司生产的“五菱荣光”（图5-100）在青岛上市。自主开发的全新大微型客车“五菱荣光”，是国内销量增速最快的车型，成为微型客车未来发展的代表性产品。

图5-100 五菱荣光汽车

(5)五菱宏光

2010年11月20日。紧凑型商务车“五菱宏光”（图5-101）成功上市，开创了新的销售市场，并荣获央视2010年度经济型乘用车奖项。

图5-101 五菱宏光汽车

(6)乐驰

2003年11月8日。国际品牌雪佛兰spark乐驰下线。乘用车“乐驰”是上汽通用五菱汽车股份有限公司投产的第一款高性能微型轿车，曾多次获国际权威机构J D. Power紧凑车型新车质量调查最佳得分，在2009年CCTV中国年度汽车评选中，“新乐驰”（图5-102）获得“最受青年喜爱车型”奖项。

图 5-102 五菱荣光汽车

（7）宝骏

2010 年 11 月 22 日，中国合资企业自主品牌第一款中档轿车、广西第一辆中档轿车、上汽通用五菱第一款中档轿车“宝骏 630”（图 5-103）于上汽通用五菱柳州基地西部工厂顺利下线，标志着上汽通用五菱已经全面进入乘用车市场，至此，上汽通用五菱正式迈入了商用车和乘用车并举的新时代。

图 5-103 宝骏 630 汽车

任务二　经典名车

一、法拉利 Enzo

法拉利 Enzo 于 2002 年面世，这款车得名于法拉利创始人恩佐·法拉利（Enzo Ferrari），限量生产 400 辆，其中一辆存于法拉利博物馆中。它以独有的外貌和从一级方程式赛车中直接借鉴的空气动力学效应，而忽略美学作用，被倾心塑造成只为速度而存在的汽车。法拉利力求不管在弯道还是在直道上都成为超越巅峰的典范（图 4-104）。

图 4-104 法拉利

Enzo 独特的外型造就了它那无与伦比的空气动力性能，碳纤维以及蜂窝铝夹层板制成的底盘在保证强度的同时也减轻了车身重量，同时碳陶瓷化合物材料制成的制动系统为 Enzo 提供了完美的操控特性。配合 F1 递进式排挡箱以及强悍的发动机，Enzo 可以达到 362km/h 的极速指标，其 0 ~ 100 千米加速仅需 3.6 秒。在安全设计上传承了 F1 的概念，全车只有驾驶座舱是最坚固的。一旦发生撞车，它的驾驶舱和发动机就会自动分离，从而可以保护驾驶员。其排量为 5.988cm^3，功率 485 / 660，扭矩为 657N·m，重量仅为 1.370kg。在加速上，0 ~ 100km/h 只要 3.6s，0 ~ 200km/h 只要 9.5s。9.5s 一般为普通轿车 0 ~ 100km/h 的加速时间，由此可见法拉利 Enzo 的迅猛和强大。

二、奔驰 SLR

奔驰 SLR 装备的是一款由 AMG 提供的 5.4 升 V8 发动机，带机械增压器，在 6 500 转时发出最大功率 460kW，而达到 3 250 转时可以提供 780N·m 的超强扭矩。这款发动机与 SL55AMG 的相似之处仅限于结构，其余的都变了。机油润滑改为干式油底壳，用独立的油箱取代油池，增压器也加大了（图 4-105）。

图 4-105 奔驰 SLR

在设计上，奔驰 SLR 跑车不仅采纳了众多 F1 赛车设计元素，而且将航空和 F1 赛车领域的设计亮点首次运用在量产车上，这其中最引人注目的就是其碳纤维打造的车身、车门以及发动机罩，这种轻量化材料具有非同寻常的能量吸收能力，可以提供最高标准的乘客安全保护。

奔驰 SLR 其 0 ~ 100km/h 的加速时间仅需 3.8s，而 10.6s 后即可超过 200km/h，最高车速可达 334km/h。最大功率 460kW/6 500r · min^{-1}，售价 37.5 万欧元起。

三、兰博基尼

兰博基尼（图 4-106）是一款典型的男士跑车，并不仅是因为它外貌阳刚，也因为它的各项操作都比一般跑车沉重。

兰博基尼跑车车身总质量为 1 655kg，车头占 40% 的重量，再加上 245mm 宽的轮胎，使得兰博基尼的操作较为费力；另一方面由于 5. 7L 的中置发动机过于靠近驾驶员，其散发出大量的热能，就算开了空调，驾驶这辆车也会浑身大汗的。这也是人们一直称道的，开兰博基尼的人就是要追求拉风度不讲究舒适度的重要原因。

图 4-106 兰博基尼

兰博基尼跑车的方向盘是特别为高速而设计，没有转向助力，没有一点虚位（方向盘余量），转动一点点就会影响车身；只要路面有少许坑洼，就要不停地转动方向盘。

兰博基尼跑车的弯路表现是典型的中置发动机跑车，抓地能力极强，很容易用油门加油入弯、然后突然收油的方式来实现刻意甩尾（飘移）。

另外，由于车型的原因，兰博基尼的后视镜基本上形同虚设，根本看不到后方路况。对此公司的解释是：“在公路上，不会有哪辆车开得比兰博基尼更快。所以，兰博基尼的驾驶员只需要看前方即可，无须后视！”

兰博基尼跑车的 0 ~ 100km/h 加速时间为 3.9s，极速 328km/h，售价 67 万美元。

四、布加迪 · 威航

Bugatti Veyron 在中国市场登记命名为布加迪 · 威航，即布加迪 · 威龙，世界顶级跑车的典范，最普通款型的中国市场价也要 2 500 万元，高性能版本的售价则在 3 500 万以上。其品牌源自意大利，由法国车厂负责生产，隶属于德国大众公司旗下。“威航”是 Veyron 的正式中文名，不过众多车迷更愿意称之为“威龙”。威航系列主要有 SuperSport、GrandSport、Vitesse 威速、

图 4-107 布加迪 · 威航

爱马仕特别版、陶瓷特别版等细分车型，均搭载 8.0L W16 四涡轮增压发动机，极速 434km/h（图 4-107）。

强大的动力带来的结果显而易见：0 ~ 100km/h 加速 2.5s，0 ~ 200km/h 加速 7.3s，0 ~ 300km/h 加速 16.7s，0 ~ 400km/h 加速 55.6s。最高时速达到 430km/h。如此优秀的加速成绩还得益于 DSG 双离合器变速器。这种变速器采用两片离合器，当处于某个挡位时，另一片离合器自动与下一个挡位相连接，最大限度地缩短了换挡时间，从而提供了迅疾的加速。

另外，这款车还配备了四轮驱动系统，这种四驱系统是类似于应用在兰博基尼和保时捷上的那种采用 HALDEX 中央差速器的四驱系统，通过电磁感应来控制扭力在前后各个车轮之间的分配，从而使得驾驶更加轻松，操控更加灵敏。

五、阿斯顿·马丁

阿斯顿·马丁 DB9 双门轿跑车（图 4-108）上最有激情的装备，当属那台来自前身车型 DB7 Vantge 的 V12 发动机，这台最大功率为 335kW 的发动机的扭矩曲线，已经被优化得近乎完美。

图 4-108 阿斯顿·马丁 DB9 双门轿跑车

和意大利的那些同行们不同，阿斯顿·马丁的发动机工程师们已经对追求功率没什么兴趣了，转而在提高发动机扭矩上下功夫。

阿斯顿·马丁 DB9 的发动机的峰值扭矩高达 570N·m，而当发动机转速在 1 500r/min 时就可以达到最大扭矩的 80%，约 450N·m。

阿斯顿·马丁 DB9 双门轿跑车 0 ~ 100km/h 加速时间为 4.9s，极速 300km/h，售价约 18.7 万美元。

六、保时捷 Carrera GT

保时捷 Carrera GT（图 4-109）是一款面向传统敞篷超级跑车细分市场的敞篷双座跑车，被喻为近代保时捷代表之作。保时捷 Carrera GT 外形充满气势的扩张感，左右两侧自头灯向后延伸所突起的肌肉钣件，让车迷一眼就能知道这是来自保时捷名门的跑车。而且 Carrera GT 动力性能骇人，5.7L 的自然进气 V10 发动机，中置发动机驱动系统（MR）的设计，可爆发 450kW 的最大功率，0 ~ 100km/h 加速仅需 3.9s，最高车速可达 330km/h。

保时捷认定的纯种跑车，每一款车的每一个零配件，即使是一颗螺丝，都是以赛车的标准来设计制造的，就是在极端的环境中奔驰，仍能确保其功能及耐用性。在 Carrera GT 身上，我们对于性能与美学找到了最完美的等号。买 Carrera GT 或许是有钱就能办到，但要驾驶好这部车，发挥它的性能，可就不是人人都能胜任的工作。光是加速 0 ~ 200km/h 的感觉，就让人发现 Carrera GT 不仅快，还快得超过人们能反应的范围，有点速度错乱的感觉。

图 4–109 保时捷 Carrera GT

七、福特 GT

从外形上来说，福特 GT 几乎彻底复原了 GT40 赛车。福特 GT 采用中置后驱 5.4L 强化 V8 机械增压发动机，这台强劲的发动机，转速仅需在 3 750 转时就可以爆发出 678N · m 的强大扭矩（图 4–110）。

图 4–110 福特 GT

福特 GT 的车体用全铝结构配合大量塑料和木料材质制造而成，重 1 580kg，0 ~ 100km/h 加速仅需 3.6s，极限速度为 328km/h。GT 40 是一款专为 GT 赛事设计的赛车，而福特 GT 却是以公路赛道为目标设计的，所以配有相当豪华的内饰：空调是必需的，因为安装在驾驶室内的发动机会带来巨大的热量，其次还包括高性能运动座椅、电控门锁、防盗系统和可选配的音响系统。这些设施也提升了乘坐的舒适度。

八、帕格尼 Zonda

帕格尼 Zonda 跑车有 368kW 的惊人动力，碳纤维材料制成的轻量化车体，搭配由奔驰的“御用”

改装公司 AMG 供应的 7.3L 的 V12 发动机，输出功率高达 408kW，足以让 0 ~ 100km/h 的加速在 3.7s 内完成，极速更高达 354km/h（图 4-111）。

图 4-111 帕格尼

帕格尼 Zonda 的造型经过风洞测试。它的深下颌进气坝、车尾扰流板和气流扩散器，可以在 297km/h 的高速时对车身产生 500kg 的下压力，加上车身比重均匀，Zonda 即使在超过 300km/h 的超高时速下，仍然可以四平八稳。

九、宾利欧陆 GT

宾利欧陆 GT（图 4-112）拥有多项技术革新和突破，应用了当今汽车制造业的尖端技术。W 型 12 缸 6L 双涡轮增压发动机是世界上最短的 12 缸汽车发动机。欧陆 GT 是全世界真正四座跑车的速度之王，极速达 318km/h，0 ~ 100km/h 加速时间仅为 4.8s。同时，欧陆 GT 还是全世界最大功率和最低转速高扭矩的限量车型，最大的功率可达 411kW，最大扭矩为 650N · m。

图 4-112 宾利欧陆 GT

在获得最大功率和最高扭矩的同时，发动机依然能够保持低转速，确保车辆在任何状态下都能将其性能发挥得淋漓尽致。作为第一款四轮驱动的宾利汽车，欧陆 GT 拥有六速自动 / 手动变速器，四轮驱动及电子稳定程序不仅可以满足动力与舒适度的完美表现，而且可以更好地确保汽车的安全性和可靠性。

目前，欧陆 GT 售价约为 288 万元人民币。

十、克莱斯勒 ME-Four-Twelve

克莱斯勒 ME Four-Twelve 跑车（图 4-113）的心脏是一个全铝的、方形的涡轮增压 6.0L 的 V12 发动机。电子连续多点式燃料喷射压缩比为 9∶1，ME Four-Twelve 的 AMG 改进发动机能够输出高达 625kW 的功率，发动机转速在 2 500 ~ 4 500r/min 时能输出 1 153N · m 的扭矩。升功率达到 104kW/L，这台概念车总质量 1 310kg，功率质量比达到了 0.08kW/kg。这些技术参数都刷新了超级跑车领域的性能纪录和基准。

图 4-113 克莱斯勒 ME Four-Twelve 跑车

Ricardo 双离合器变速器是特地为这款汽车研发的，它还拥有最新的双湿离合器技术和电子控制策略。独一无二的 ME Four-Twelve 变速器以 200ms 的换挡时间为后轮提供了永不间断的扭矩。悬挂采用双叉臂、铝控制臂和水平对置螺旋减震器。

ME Four-Twele 制动系统采用巨大的 381mm 通风碳瓷复合碟盘制动器，在任何驾驶情况下都能提供出众的制动表现。

ME Four-Twele 的车身尺寸为 4 542mm（长）×2 000mm（宽）×1 140mm（高）。这款 2 座、中置发动机的 ME Four-Twelve 跑车有着惊人的表现，就好像随时准备出击一样。ME Four-Twelve 碳纤车身轮廓分明，这缘于克莱斯勒集团在 Auburn Hills 的风洞测试中心无数个小时的雕琢。

克莱斯勒 ME Four-Twele 跑车 0 ~ 100km/h 的加速时间为 2.9s，极速 400km/h，暂无定价。

课题小结

由于车型的原因，兰博基尼的后视镜基本上形同虚设，根本看不到后方路况。对此公司的解释是："在公路上，不会有哪辆车开得比兰博基尼更快。所以，兰博基尼的驾驶员只需要看前方即可，无须后视！"

思考与练习

一、填空题

1. 奥迪汽车公司主要量产车系有__________、__________、__________、__________、__________、__________及由 A 系列繁衍出的 Allroad 系列。

2. 奔驰汽车公司创立于__________年，是世界十大汽车公司之一，创始人是__________和__________。

3. 大众是一家总部位于德国__________的汽车制造公司，它是欧洲最大的__________。

4. 丰田汽车公司的 3 个椭圆的标志，大椭圆代表__________，中间由两个椭圆垂直组合成一个__________，代表__________。

二、判断题（对的画"√"，错的画"×"）

1.2008 年，福特汽车公司成为全美最大的汽车制造商。（　）

2. 马自达以其辉煌的技术创新历史而自豪，尤其以转子发动机为代表。（　）

3. 菲亚特汽车公司的汽车年产量占意大利全国汽车年总产量的 90% 以上。（　）

4. 所有的宝马轿车都是后轮驱动。（　）

5.2000 年 3 月，大众汽车公司将麾下的路虎以 1 美元的价格出售给美国福特汽车公司。（　）

6.1981 年"甲壳虫"停产时，其生产量已经累计达 2 000 万辆，打破了福特 T 型汽车生产量的世界纪录。（　）

7. 一汽于 1953 年奠基兴建，1956 年建成并投产，制造出新中国第一辆解放牌卡车。（　）

三、简答题

1. 美国福特汽车公司旗下曾经拥有多少个汽车品牌？现在有几个？核心品牌是哪些？

2. 通用汽车有限公司有几个核心品牌？主要生产哪些车型？

3. 克莱斯勒汽车公司结束破产保护没有？克莱斯勒汽车能否重生？

4. 日本汽车企业在北美市场上有哪些豪华品牌？它们的主要竞争对手有哪些品牌？

5. 对德国的汽车企业按其规模进行排列。

6. 标致汽车公司和雪铁龙汽车公司合并了吗？为什么？

7. 菲亚特集团旗下有哪些汽车品牌？分别说出具体的车型。

课题五

汽车人物

[课前摘要]

学习课题	汽车人物	班级		日期	
学习目标	完成本课题学习后，你应能： 1. 叙述国际知名的汽车发明家及其成就； 2. 了解杰出的设计大师及其代表作； 3. 叙述我国的汽车精英们都为汽车事业的发展做了哪些成就。				
参考资料	教学资源　图书　网络资源				
课题任务	学前预习				
	1. 国外汽车传奇人物	1. 汽车界的名人都有那些？他们都做了些什么事？ 2. 说说你喜欢的汽车名人。			
	2. 中国汽车精英代表	1. 除了本节中提到的人物，中国的汽车名人还有哪些，他们都为我国的汽车事业做了什么？			
备注					

任务一　国外汽车传奇人物

一、卡尔·本茨

卡尔·本茨（图 5-1）是现代汽车工业的先驱者之一，人称“汽车之父”。

1844 年，卡尔·本茨出生于德国。从中学时期起，卡尔·本茨就对自然科学产生了浓厚的兴趣，1860 年进入卡尔斯鲁厄综合科技学校学习。在这所学校，他较为系统地学习了机械构造、机械原理、发动机制造、机械制造经济核算等课程，为他日后的发展打下了良好基础。

在经历过学徒工、服兵役、娶妻生子等人生经历后，他于 1872 年组建了“奔驰铁器铸造公司和机械工场”，专门生产建筑材料。由于当时建筑业不景气，本茨的工场经营困难，面临倒闭危险，万般无奈之下，他决定制造发动机获取高额利润以摆脱困境。

于是，他申领了生产奥托四冲程煤气发动机的营业执照，经过一年多的设计与试制，于1879年12月31日制造出第一台单缸煤气发动机（转速为200r/min，功率约为0.7kW）。不过，这台发动机并没有使本茨摆脱经济困境，他依然面临破产的危险，生活十分艰难。但是，清贫的生活并没有改变本茨投身发动机研究的决心，经过多年努力，他终于研制成功单缸汽油发动机，并将其安装在自己设计的三轮车上（图5–2），取得了世界上第一个汽车制造专利权（1886年1月29日）。正是这一天，被确认为是现代汽车的诞生日。

图5–1 卡尔·本茨

图5–2 卡尔·本茨发明的单缸汽油发动机三轮车

1893年，卡尔·本茨研制成功了性能先进的维克托得亚牌汽车（图5–3）。该车采用本茨拥有专利权的3L发动机，方向盘安装在汽车中部。尽管维克托得亚牌汽车性能先进，但由于价格高达3 875马克，因而很少有人买得起，成为公司的滞销品。

图5–3 “维克托得亚”牌汽车

这种在技术上为卡尔·本茨带来了极高声誉的汽车，在经济上并没有给他带来多大的转机。后来，卡尔·本茨又对前期生产的维克托得亚牌汽车进行了改进，将车厢座位设计成面对面的18个，成为世界上第一辆内燃机驱动的公共汽车。

卡尔·本茨1899年制造出第一辆赛车，1906年本茨和他的两个儿子在拉登堡成立了Benz汽车公司（该品牌中文名称注册为“奔驰”）。1926年6月29日，奔驰汽车公司和戴姆勒汽车公司合并，成立戴姆勒–奔驰汽车公司，总部设在斯图加特市。此后，戴姆勒–奔驰汽车声誉鹊起，成为高档汽车的代名词。

在发明汽车的过程中，卡尔·本茨的勇气令人十分钦佩：首先，他甘于清苦，埋头于自己的发明创造。其次，他果断地摒弃了在技术上已十分成熟的蒸汽机而选用了自己并不被人看好的内燃机做动力，反映了他在观念上的巨大转变。再次，他既能开发生产反映汽车技术最高水平的“高档车”，又能及时调整产品结构，组织生产适销对路的“普通车”，为公司赢得可观的利润，说明他既有工程师的基本素质，又有企业家的经营技巧。

二、鲁道夫·狄塞尔

柴油机至今在很多地方仍然被称为“Diesel Engine”或“狄塞尔发动机”。这是因为世界上第一台柴油机的发明者是鲁道夫·狄塞尔（Rudolf Diesel, 1858—1913 年，图 5-4），是鲁道夫·狄塞尔首创了压缩点火式内燃机，为内燃机的发展开辟了新的途径。

图 5-4 鲁道夫·狄塞尔以及第一台柴油机原型机

狄塞尔于1858年生于法国，父母都是德国人。在普法战争时，父母把他带到伦敦，后又回到德国。他是在法、德两国接受教育的，在慕尼黑大学攻读工程学，所有课程均以破纪录的最高分通过考试，顺利毕业。

上大学时，他就对蒸汽机表现出极大的兴趣。1892 年，34 岁的狄塞尔偶然受到面粉厂粉尘爆炸的启发，设想将吸入汽缸的空气高度压缩，使其温度超过燃料的自燃温度，再用高压空气将燃料吹入汽缸，使之着火燃烧。他因此发明了一种机械装置，并取得了发明专利，这种装置可以将空气压进容器并且和煤粉充分混合直至被压燃，直接为机械提供动力。

1893 年，MAN 公司根据这一专利，制造出了世界上第一台柴油发动机的原型机，并取名叫“狄塞尔发动机”。

然而，狄塞尔并不满足于这一发明，经过 5 年的试验，1897 年他制成了第一台具有实用价值的高压缩比自动点火内燃机，即压燃式柴油机。这是一台输出功率 18kW、四冲程、单缸立式柴油机（图 5-5），汽缸直径为 15cm，活塞冲程为 40cm。它加长了燃烧过程前的压缩过程，这是内燃机技术的第二次突破。历史上第一台柴油机由此诞生。这款发动机能将 26% 的燃料潜能转变成动力。

图 5-5 狄塞尔柴油机

其实，早在 1893 年，尚处于试验阶段，狄塞尔已制造出一款技术上并不成熟的柴油机。当时因为急于出售，这款柴油机制造了 20 台，可是为时不久，用户就纷纷要求退货，令狄塞尔陷入经济困境。

1913 年，压力越来越大的狄塞尔终于不堪忍受经济上的困境，跳海自杀，年仅 55 岁。狄塞尔没有能够看到他发明的发动机装在汽车上。

1936 年，奔驰汽车公司制造出第一台装有狄塞尔发动机的轿车。一直到 1950 年前后，柴油机才得以在载货汽车上广泛应用。

后人为纪念鲁道夫 · 狄塞尔的杰出贡献，将柴油发动机称为“狄塞尔发动机”。德国邮政局还专门发行纪念邮票（图 5-6），以此向这位不朽的发明家表示敬意。

图 5-6 “狄塞尔发动机”纪念邮票

三、亨利 · 福特

在全世界，享有“汽车大王”美誉的只有亨利 · 福特（图 5-7）一人，可谓是前无古人，后无来者，是他将人类社会带入了汽车时代。亨利 · 福特出生于 1863 年 7 月 30 日，其父是一位美国农民。但亨利 · 福特自小就对农事颇有怨言，反而对鼓捣钟表等机械充满了浓厚的兴趣，并因此而闯过不少次祸。幸运的是，对于他的“胡闹”，其父母从来没有任何埋怨和责罚。

图 5-7 亨利 · 福特

17 岁那年，福特独自一人离开农村的家，来到位于底特律的密歇根汽车制造公司寻找就业机会。但在这家拥有 2 000 人的底特律最大的工厂，福特只工作了六天就辞职了，原因是“该公司优秀的员工需要花费好几个小时才能修复的机器，我只要 30 分钟就可以修好，因而其他员工对我十分不满”（福特语）。

后来，他又先后从事过机械修理、钟表修理、船舶修理等工作，并且还一边工作一边参加夜校学习，以便将来能够“不屈居于人下、被别人雇用而过一生，自己开一家制造机械的工厂”。为了实现这一目标，他还离开了新婚妻子，告别了富庶而温馨的家，到爱迪生的通用电气公司（GE）边工作边学习电气知识。

1893 年圣诞节，福特汽油机试验成功，这给了他极大鼓舞，他决心再接再厉，研制出自己的“不用马拉的马车”。1896 年春天，他的第一辆汽车研制试验成功，福特感到无比高兴。1899 年，福特又成功地制造出了三辆汽车，他因此在当地被公认为这一领域的杰出人物。于是，他与别人合作成立了底特律汽车公司并任制造部经理。然而，公司在经营一年后却解散了，原因是：几乎所有员工都没有制造汽车的经验；零件质量不好，采购不及时，常常延误工作日程；高成本制造出的汽车无法销出。所以，制造了 20 辆汽车以后，公司就倒闭了。

1901 年 10 月 10 日，福特接受主要凭赛车建立起商业信誉的温顿的挑战，亲驾自制赛车参赛，结果他出人意料地获得了胜利。于是，在商人们的支持下，他又成立了第二个汽车公司。可是批量生产汽车所需的技术完全不同于单件生产的汽车，修理工出身的福特在当时显然还不能胜任这一重任。当投资者发现他只热心于将金钱花在研制一种无法销售的高价竞赛汽车上时，毫不客气地将其赶出了厂门。这样，福特第二次办汽车厂也以失败告终。

两次失败并没有将福特吓倒，他仍然谋求在汽车业的发展，并付出了比以往更大的努力：自驾赛车四处表演，并且不断改进汽车结构。由于经常获得各种比赛的胜利，他一跃而成为“全美第一流的赛车手”，并被新闻界誉为“速度之魔”（他的赛车曾在一条 800m 长的大街上创下了 11km/h 的速度纪录）。

1903 年 6 月，福特第三次与别人合作，按股份制模式成立了汽车公司，尽管公司只有 10 位雇员，但他们却成功制造了性能稳定的 A 型汽车（图 5-8）。A 型汽车大获成功，为福特日后的发展奠定了良好的经济基础，在不到一年时间内就售出 650 辆，实现了开门红。第二年，A 型车月产量稳定在 300 辆，第三年达到 360 辆，福特公司因此成为全底特律最为忙碌的工厂。

图 5-8 1903 年款 A 型车

1906 年，N 型车（图 5-9）问世，这是一种物美价廉的汽车，外形美观、性能良好，加之随后推出的 R 型、S 型等车，2 年之内共售出 8 000 多辆。N 型车是福特的得意作品之一，它的成功不仅使福特彻底摆脱了贫困的生活，而且为日后的大发展提供了成熟的经验和雄厚的经济基础。

图 5-9 1906 年款福特 N 型车

1908 年秋，具有划时代意义的福特 T 型车（图 5-10、图 5-11）隆重问世了。

图 5-10 福特 T 型车（软顶）

图 5-11 福特 T 型车（木质硬顶）

T 型车在设计思路、生产管理、零售定价、销售组织、售后服务等许多方面都采取了与众不同的策略，展示出亨利·福特独有的天才企业家的胆识和魄力。

T 型车的各种零件被首次设计成统一规格，实现了总成互换；在大型总装车间，福特采用由机械传送带运送零件和工具的流水线装配法，极大地提高了工作效率。

亨利·福特采用低定价（每辆车只售 850 美元，后又降至 360 美元并大做广告）的销售策略，使大多数人都能买得起；提供充足的零部件和及时的售后服务保障，消除了用户的后顾之忧。

同时，大幅度提高工人工资，实行“8 小时工作制，日薪 5 美元”，相当于原工资的两倍以上，以致汽车界及金融界一致反对，纷纷预言他将破产。

事实证明，上述这些有力措施在提高工作效率、降低生产成本、吸引汽车人才、拓展市场份额等方面发挥了强大的威力。

1914 年，公司非但没有破产，反而以不足 13 000 人生产了 730 000 辆汽车，获利 3 000 万美元。福特汽车公司呈现一片繁忙、红火、欣欣向荣的景象（图 5-12），站在 T 型车前，亨利·福特的脸上露出了欣慰的笑容（图 5-13）。

图 5-12 摆满广场的福特 T 型车

图 5-13 亨利·福特在 T 型车前留影

T 型车的显著特点是结构简单，坚固耐用。T 型车配有 15kW4 缸发动机（图 5-14），最高车速可达 72km/h，油耗 13.4 ~ 21. 7L/100km。

T 型车底盘简洁、坚固、重量轻、拥有独特的三点式悬架系统，使车架及动力系统免受道路颠簸。与其他公司的汽车相比，T 型车底盘更为坚固耐用。

由于 T 型车价格低廉、使用方便、维护容易，因此销售异常火爆，累计 1 500 多万辆的产销量更是创造了空前的纪录。

图 5-14 T 型车的发动机

T 型车既使福特获得了巨大的成功，也成为普通民众的交通工具。达官贵人开着它周游世界（图 5-15），新娘子开着它回娘家、走亲戚（图 5-16），警察开着它押解囚犯，农民用它耕田，小商人开着它卖菜（图 5-17），更有甚者，伐木工人居然把 T 型车当作木工机械的动力装置来锯木头（图 5-18）……

图 5-15 周游世界

图 5-16 回娘家、走亲戚

图 5-17 卖菜

图 5-18 锯木头

福特 T 型车彻底改变了人们的生活方式、思维方式和娱乐方式，将人类带入了崭新的汽车时代。

20 世纪 20 年代后期，美国开始形成了一个巨大的旧车市场，大批质量相当不错的二手车只需几十甚至十几美元就可买到，这对一向以物美价廉著称的 T 型车是一个极大的冲击。

同时，由斯隆领导的通用汽车公司不断推出款式新颖、技术先进的汽车，满足了不同阶层的购买需求，也对 T 型车形成了巨大的竞争压力。1927 年，亨利·福特不得不让自己心爱的 T 型车停产。

自 1927 年停产 T 型车后，福特公司关闭了近 6 个月集中研发新车型，并于 1928 年推出新的 A 型车（图 5–19）。新 A 型车动力更加强劲有力，配置更加豪华，更具特色，装备转速更高的发动机、先进的四轮制动、转向助力，玻璃也更安全。在随后短短几年内，其销量即突破 500 万辆。

图 5–19 经典的 1928 年款福特 A 型车

由于转产组织匆忙、耗资巨大，加之接踵而来的经济大萧条的影响，福特公司元气大伤，整个 20 世纪 30 年代都未能恢复，分别被通用（1927 年）和克莱斯勒（1936 年）超过。后来经过公司全体员工的拼力追赶，才在全国第二的位置上站稳脚跟，那种产量独占全国一半以上的日子一去不复返了。

1945 年，福特不得不从董事长的位置上退下来，让位于孙子亨利·福特二世。1947 年 4 月 7 日，亨利福特因脑溢血于底特律去世，终年 83 岁。

四、安德烈·雪铁龙

1878 年 2 月 5 日，作为父母五个孩子中最小的一个，安德烈·雪铁龙（图 5–20）在法国巴黎出生。安德烈·雪铁龙原籍荷兰，父亲是从事珠宝生意的商人，母亲是波兰人。雪铁龙年轻时就认定科技进步将给人类带来幸福，所以他选择巴黎综合工业学院就读，准备将来当一名工程师。

22 岁那年他去波兰外婆家探亲度假，因途中看到一个机械装置上按“人”字形拼成的齿轮而得到灵感，回来后发明了人字形齿轮传动系统，并获得专利。在获得文凭、服完兵役后，他于 1913 年创立了自己的公司，专门从事人字形齿轮传动系统（图 5–21）的生产。

1912 年，安德烈·雪铁龙开始用人字形齿轮图案作为雪铁龙公司产品的商标。

图 5–20 安德烈·雪铁龙

图 5–21 人字形齿轮传动系统

1915 年，安德烈·雪铁龙创建了雪铁龙汽车公司，这是法国第一家采用流水线生产汽车的厂家。由于采用先进技术，因而在成立的第六个年头，年产量即突破 100 万辆。

第一次世界大战期间，雪铁龙应征入伍，担任炮兵队长。当他发现弹药不足时，主动请缨组建工厂，生产炮弹。在这里，他的组织管理才能得到了极大的发挥，不仅使炮弹日产量创下了 5 万枚的纪录，而且由于组织得法，使妇女也可参与工作，从而让更多的男人可以投身于战场。

1912 年，安德烈·雪铁龙去美国旅游。在福特汽车公司，他亲眼看到了由于采用流水线生产方式大幅度降低了 T 型车的生产成本，领教了科学的企业管理的威力。于是，富于挑战精神的安德烈·雪铁龙决定以同样方式来管理自己的工厂。回国以后，他向媒体夸下海口："以后要每天生产 100 辆汽车！" 开始人们认为他是痴人说梦，没想到自 1919 年雪铁龙汽车公司在欧洲率先批量生产 A 型车（图 5-22）以后，产量迅速提高，到 1923 年，日产量已达 200 辆，到 1924 年，日产量则达 300 辆。至此，雪铁龙汽车公司成为当时欧洲最成功的汽车厂家之一。

图 5-22 欧洲第一款量产车——雪铁龙 Type A

安德烈·雪铁龙坚持认为：汽车厂卖的不只是汽车，还有无微不至的服务。他逐步完善了汽车购销方式，创立了一年保修期制度，建立分销网络，罗列出零件目录及维修费用一览表，使所有销售点、维修点的费用得以统一。

1922 年，他大力推广分期付款售车方式，成立了全国第一个专司分期付款的机构，并在国外创办了不少汽车出租公司，在全国各地形成了一个庞大的汽车服务网络。

安德烈·雪铁龙在对公司和产品的宣传方面可谓煞费苦心：他在法国各地十字路口竖立起雪铁龙标牌，强化了人们对其品牌的印象；让汽车从高山上翻滚而下以证明车身的坚固可靠；雇用飞机以五彩的烟火在空中划出"CITROËN"字样。更为绝妙的是，安德烈·雪铁龙于 1925 年在巴黎埃菲尔铁塔以霓虹灯方式做广告（图 5-23），使巴黎四周 30km 范围内随时都可看到"CITROËN"的大名。

图 5-23 埃菲尔铁塔上的广告

1923 年，安德烈·雪铁龙发起了穿越撒哈拉大沙漠的大型汽车比赛；1924 年又组织了贯穿全非洲的"黑色之旅"赛车活动；1927 年，美国人林白驾驶飞机穿越北大西洋成功，他竭力说服林白去自己的工厂接受工人们的祝贺，结果第二天的报纸就登出了这样的文章：《林白访问雪铁龙》。自 1928 年起，雪铁龙每月月末在法国 100 家大报刊登大幅广告。1931 年，安德烈·雪铁龙在法国巴黎开办了当时全球最大的汽车商场，除了经销雪铁龙汽车外，还在场内放映电影、举办音乐会，以聚揽人气。

作为真正的技术革命，当 1934 年前驱动车雪铁龙 7A（图 5-24）首次向新闻界推介时，就一举赢得极高的赞誉，被描述为“如此新颖，如此大胆，拥有如此丰富的独特技术，与前人如此的不同”。那时的汽车一般都是靠后桥驱动，车身还都是木质结构，发动机用螺栓固定在车架上，然后扣上一个钢壳子，因此汽车特别笨重，转向不灵。

图 5-24 不朽的经典、革命性的前驱车——雪铁龙 7A

前驱技术面临的挑战是把发动机与变速器装在前桥上，靠前轮转向和驱动，重心更低，因此前驱车的抓地性非常出色，深受好评。前驱车的惊人之处远不只限于这种机械布局的变化。它体现的是彻底的创新——前驱车采用全承载式钢制车身，因此没有传统的车架，汽车重量大大地降低，外观有了极大改进，配重更加合理，外形更加流畅，车速得到了很大的提高。7A 车一直生产到 1957 年，共生产了 76 万辆。

造型新颖、技术先进、操纵性好、对道路适应性极强的雪铁龙前轮驱动汽车很快就广受好评，并成为银行劫匪们的最爱（作案后可凭借雪铁龙前轮驱动汽车的优异性能迅速摆脱警察的追捕），因而，被戏称为“强盗车”。

富有的安德烈·雪铁龙在生活上不求豪奢，但却充满了向极限挑战的奋进精神，他不断地投资于工厂和开发新车型，追求技术上的不断进步，他甚至声称“只要主意好，代价不重要”。在工程师勒费伯的建议下，雪铁龙在新研制的汽车上采用了一系列全新的技术——前轮驱动、流线型车身、自承重设计、扭力杆式独立悬架、液压控制车身高度可调系统、自动变速器，等等。

1935 年 7 月，安德烈·雪铁龙因病去世。2008 年，为纪念这位伟大的技术革新者、雪铁龙汽车公司的奠基人安德烈·雪铁龙诞辰 130 周年，法国政府特别发行纪念金币（图 5-25）。

图 5-25 安德烈·雪铁龙诞辰 130 周年纪念金币

纪念金币正面图案中央为安德烈·雪铁龙肖像，左上方为安德烈·雪铁龙的姓名，右侧为雪铁龙汽车的标志及安德烈·雪铁龙的生卒年份。纪念金币背面图案中央为雪铁龙公司于 1934 年 3 月推出的第一款前轮驱动汽车——雪铁龙 7A，该车也是世界上第一款前轮驱动汽车。纪念金币背面的上方为金币面额及法兰西共和国国名，下方为“Liberte、Egalite、Fraternite”（自由、平等、博爱）字样及发行年份。

实际上，今天的雪铁龙公司仍然名震全球以及他的前轮驱动设计方案在 60 多年后依然风靡世界才是对雪铁龙最大的褒奖与怀念。

五、乔治·亚罗

说起乔治·亚罗（Fabrizio Giugiaro，图 5-26），在汽车设计领域几乎无人不知。这位被称为“20 世纪设计大师”的意大利人，设计出了无数令人神往的作品。现今奔驰在全球的汽车中，有 2500 多款都是出自他的手笔，而其中相当大的一部分，都是专门为意大利菲亚特集团设计的。

图 5-26 乔治·亚罗

1938 年，乔治·亚罗出生于意大利西北部小城 Garessio 的一个艺术世家。14 岁时，乔治·亚罗进入 Turin 艺术学院学习。在毕业设计作品展览会上，乔治·亚罗的几张汽车设计图被当时菲亚特公司的灵魂人物 Dante Giacosa 慧眼识中，他由此成为菲亚特公司的汽车设计师。

4 年之后，乔治·亚罗转投举世闻名的博通（Bertone）设计公司旗下，在这里他先后完成了法拉利 250GT（图 5-27）、阿尔法·罗密欧 Giulia GT、阿尔法·罗密欧 Canguro、玛莎拉蒂 5000GT（图 5-28）、阿斯顿·马丁 DB4、菲亚特 850 Spider、宝马 3200CS（图 5-29）等享誉全球的设计。

图 5-27 乔治·亚罗作品——法拉利 250GT

图 5-28 乔治·亚罗作品——玛莎拉蒂 5000GT

其中，阿尔法·罗密欧 Giulia GT（图 5-30）在 1963 年亮相于日内瓦车展之后，14 年中共有 12 万辆车驶下生产线，成为乔治·亚罗在“博通时代”最成功的一个商业案例。

1965 年，乔治·亚罗出任 Ghia 设计中心主管。任期虽很短，但精彩作品同样源源不断：五十铃 117、菲亚特 850 Vanessa、玛莎拉蒂 Ghibli、De Tomaso Pampero……

图 5-29 乔治・亚罗作品——宝马 3200CS

图 5-30 1963 年款阿尔法・罗密欧 Giulia GT

其中，1966 年设计的猫鼬 Mangusta（图 5-31）一改 20 世纪 60 年代的柔滑造型，首创棱角分明的叠纸车形，标志着充满设计个性化的 20 世纪 70 年代的到来，堪称年代经典转折之作。

图 5-31 乔治・亚罗作品——1966 年款猫鼬 Mangusta

1967 年，乔治・亚罗与 Aldo Mantovani 联手创办了 Italdesign 设计工作室，设计规模又上了一个新台阶。工作室亦从早期的单纯设计汽车，逐步迈向兼顾整车生产的多元化经营之路。目前，Italdesign 设计工作室已经发展成为最成功的汽车设计公司，能为这样的设计室工作是每个汽车造型师的梦想。

大众第一代高尔夫（图 5-32）、蓝旗亚 Delta、菲亚特 Panda、莲花 Esprit 等车型的巨大成功，都让世人对乔治・亚罗非凡的设计功力赞叹不已。

图 5-32 乔治・亚罗作品——大众第一代高尔夫

20 世纪 60—70 年代是船形车当道的时代，以美国车为代表的夸张造型达到了鼎盛时期，反倾角的大前灯和巨大却毫无用处的垂直尾翼是其典型特征。然而，由于世界经济萧条和燃油危机，这种夸张的造型风格很快被人们抛弃，消费者需要的是一种简单、实用、有良好空气动力性的车型。于是，以乔治·亚罗为代表的意大利车身设计界所倡导的简洁、朴实、细腻、流畅的实用主义风格在国际上得到了很高的评价。

乔治·亚罗 1974 年设计的玛莎拉蒂 Medici（图 5-33）造型简练挺拔，前后挡风玻璃的倾斜角度处理得十分协调，各微曲面的转角突出明显的棱线，侧面强调一条凹入的腰线。虽然现在看来，这种造型不见得新颖，甚至还有点简单，但在当时来说是很有前瞻性的。要让世人从奢华和夸张的造型风格中脱离出来，接受这种朴素与实用的风格是需要很大的勇气的。

图 5-33 玛莎拉蒂 Medici

这种实用风格在蓝旗亚主旋律（Lancia Thema，图 5-34）上发挥到了极致，并影响了整个 20 世纪 80 年代世界汽车设计界，乔治·亚罗也借此奠定了其大师级的地位。

图 5-34 蓝旗亚主旋律（ Lancia Thema ）

1984 年，乔治·亚罗获英国皇家艺术学院最高荣誉——The Laurea Honoris Causafor Design，被誉为“20 世纪设计大师”。

应该说乔治·亚罗用他手中的一支不起眼的小铅笔，创作出了无数的世界上非常著名的作品。其中，有走进千家万户的经济型轿车，有让人看了就热血沸腾的超级跑车，甚至说他主宰了一大半的汽车设计风潮都不为过。

现在，世界上有 2 500 多款由乔治·亚罗设计的汽车在行驶着，除了一些著名的如法拉利、阿尔法·罗密欧和蓝旗亚等车型之外，在历史上获得巨大成功的如熊猫（Panda）、乌诺（Uno）、鹏托（Punto）、派力奥（图 5-35）、大宇旅行家 Lacetti（图 5-36）、中华轿车、通用凯越 HRV 等都是出自乔治·亚罗之手。

图 5-35 乔治·亚罗作品——南京菲亚特派力奥

图 5-36 大宇旅行家 Lacetti

六、哈利·厄尔

1. 哈利·厄尔生平及贡献

图 5-37 哈利·厄尔

德国人发明了汽车，但把汽车带入艺术设计圣殿的却是美国人。在汽车艺术设计这座用智慧做穹顶、以创新为支柱的大教堂里，哈利·厄尔是当之无愧的红衣主教。

哈利·厄尔（Harley Earl，1893—1969 年，图 5-37）1893 年 11 月 22 日出生于美国好莱坞，1969 年 4 月 10 日因中风在佛罗里达去世，终年 75 岁。

哈利·厄尔是美国工业设计领域的代表人物，世界上第一位专职汽车造型设计师。还在孩提时代，哈利·厄尔就开始制作具有未来色彩的油泥模型，其中就有许多属于汽车模型设计。

20 世纪 20 年代初，年轻的哈利·厄尔在父亲开设在加州好莱坞的汽车厂学到了许多设计学原理。当时，道路交通工具正处于由马车向汽车过渡的时代，哈利·厄尔看到了马车终将让位于汽车的历史发展趋势，于是将自己的设计方向定位在汽车上。

在著名的斯坦福大学学习了艺术、建筑、工程学等课程后，哈利·厄尔来到洛杉矶潜心钻研，他的设计天才也逐渐显露出来。

最初，他极为超前的设计理念并不被大多数汽车制造商接受，其作品主要用在电影和私人改装车上。直到通用汽车公司总裁斯隆（Alfred P. Sloan）慧眼识珠，哈利·厄尔才得到施展才华的机会。

1926 年，哈利·厄尔加入通用汽车公司，成为专职汽车造型设计师。1940 年出任通用公司副总裁、通用汽车公司艺术与色彩部主任，负责汽车外形设计。

1928 年，哈利·厄尔在汽车设计中引入了镀铬设计，这一技术解决了镍金属装饰的褪色问题。

从 20 世纪 30 年代开始，哈利·厄尔倡导的艺术色彩设计对通用汽车产生了意义深远的影响，通用汽车公司的规模也由此急剧扩张，并逐渐成为最强大的汽车帝国。

哈利·厄尔设计风格热情奔放、富于创新，开创了第二次世界大战后汽车设计的高尾鳍时代。他对汽车设计的影响力达到了无人能及的地步，而通用汽车公司的设计部门也成为当时世界最大的设计中心。

哈利·厄尔的另一个重要贡献是提出了汽车造型设计的新模式——有计划的产品废止制度。按照哈利·厄尔的主张，在设计新的汽车造型的时候，要形成这样一种基本思想：必须有计划地考虑以后几年不断更改部分设计，使汽车造型最少每两年一小变、三到四年一大变，造成有计划的汽车造型老化（外形不再时髦），促使消费者不断追捧更为新颖的汽车造型，即以汽车造型的不断推陈出新来引领汽车消费，从而使汽车制造商获得巨大的经济效益。

1938年，别克Y Job车型把哈利·厄尔的汽车造型设计事业推向极致。这是世界上第一款概念车。当时将针对未来市场设计的车型称为梦幻车（Dream Car），还没有概念车（Concept Car）这个提法。概念车是由哈利·厄尔的继任者查克·乔丹提出来的，但两者的精神实质是完全一致的（查克·乔丹曾于1995年访问吉林工业大学汽车系，并做关于概念车设计方面的演讲，使中国学者受益良多）。同时这也是船形车身的开始。别克Y Job有着复杂曲面构成的流线型车身，在此后的数十年中，这个超前的设计一直是其他汽车公司争相模仿的对象。

除此以外，别克Y Job对汽车造型设计领域最大的贡献还在于油泥模型技术的引入，这使得汽车的造型设计更加灵活多样，该技术直至今日仍被广泛采用。

哈利·厄尔创造了美国汽车文化最核心的部分，被称为天才设计大师、梦幻汽车之父（The Father Of The Dream Car）。

2. 哈利·厄尔作品赏析

1927年，初露锋芒的哈利·厄尔设计的第一款车Cadillac LaSalle（图5-38）诞生了。当Cadillac LaSalle来到巴黎参加车展时，为一睹Cadillac LaSalle的风采，疯狂的车迷把展台都挤垮了。

图5-38 1927年款 Cadillac LaSalle

哈利·厄尔第一个青史留名的大作应该是1938年别克Y Job（图5-39）。别克Y Job的出现，标志着哈利·厄尔的设计趋向成熟，也显露出了他超越时代的伟大。

别克Y Job继承了Duesenberg经典的Y字形车尾造型以及Cord 810的隐藏式前灯的设计。

但第二次世界大战的爆发打乱了通用汽车公司的生产计划，公司的生产重点转移到军事装备上，Y Job没能按照计划大量生产。

图5-39 1938年款别克Y Job

战争结束后，哈利·厄尔设计的新车别克 LeSabre（图 5-40）再次令全世界震惊，并在 1951 年的巴黎车展上引起巨大的轰动。

图 5-40 别克 LeSabre

别克 LeSabre 的外形设计借鉴了喷气式战斗机，驾驶室有着梦幻般的设计。车尾造型（图 5-41）更是大胆而张扬，彰显出美国自豪而骄傲的一面。在以后相当长的时间里，这一风格成为美国汽车造型设计的基石。

图 5-41 别克 LeSabre 车尾造型

1954 年，哈利·厄尔再创惊人之举，推出了更像战斗机的火鸟 I 型概念车（Firebird I，内部代号 XP-21，如同战斗机型号，图 5-42）。

图 5-42 火鸟 I 型概念车

这款外形更接近于飞机的汽车，在车头内部安装了一个 35 加仑[①]的燃油箱，动力系统在座舱后面，车身两侧各有一个三角翼。新颖怪异而又充满乐趣的造型颇受美国空军飞行员的喜爱（图

① 1 加仑（美）=3.785 4 升。

5-43）。从后面看，火鸟 Ⅰ 完全就是一架战斗机。

1955 年，通用公司商用汽车部（GMC）在哈利·厄尔的主持下设计了全新的商用车 L' Universelle。L' Universelle 的造型彻底颠覆了传统，个性化、未来化以及战斗机化的哈利·厄尔风格再次得到了淋漓尽致的发挥。L' Universelle 在当时被冠以 Truck 名称，实际上也是通用公司最早期的厢式货车。

1956 年，哈利·厄尔推出了更接近家用车的火鸟Ⅱ型概念车（Firebird Ⅱ，图 5-44）。

图 5-43 美国空军飞行员与火鸟 Ⅰ

图 5-44 1956 年款火鸟 Ⅱ

在火鸟Ⅱ之后，哈利·厄尔又连续推出了第一代 Corvette 跑车（图 5-45）、Oldsmobile Golden Rocket（图 5-46）和别克 Centurian（图 5-47），并获得巨大的成功。

图 5-45 第一代 Corvette 跑车

图 5-46 Oldsmobile Golden Rocket

图 5-47 别克 Centurian

1958 年，哈利 · 厄尔又推出了另一力作火鸟Ⅲ（Firebird Ⅲ，图 5-48）。站在自己设计的火鸟旁边（图 5-49），雄心勃勃的哈利 · 厄尔在酝酿着下一个作品。

图 5-48 1958 年款火鸟Ⅲ

图 5-49 哈利 · 厄尔和他的“火鸟”们在一起

1959 年，哈利 · 厄尔推出其另一经典杰作 Cadillac Cyclone（图 5-50）。Cadillac Cyclone 的设计处处让人折服：车门是侧滑的，舱盖是上掀的（图 5-51），车头两个侧围各自形成一个形如飞机整流罩的圆锥体，尾灯造型则如同处于全力加速的喷气战斗机的尾喷管，处处展现着令人震撼的美。

从左后侧看，高挑的尾鳍，流畅的衬裙，光滑圆润、一气呵成的侧围，如飞机，似导弹，梦幻般的设计令人叹为观止……

图 5-50 1959 年款 Cadillac Cyclone

图 5-51 Cadillac Cyclone 奇妙的上下车方式

七、费迪南·保时捷

在百余年的汽车发展史上，费迪南·保时捷（图 5-52）是最为杰出的汽车设计大师之一，他对汽车的杰出贡献主要体现在其高超的产品设计水平和使汽车大众化两个方面。

1875 年 12 月费迪南·保时捷出生于波希米亚（原属德国，今属捷克）的一个铁匠之家。他 15 岁进入夜大学学习，后来，他一边在电厂工作，一边在维也纳工学院进修。

图 5-52 费迪南·保时捷

22 岁那年，费迪南·保时捷设计了一台能安装在汽车车轮内的电动机，以替代当时在汽车上普遍使用的链条传动，并因此获得了第一个专利："混合传动系统"专利。1900 年，他首创的电动汽车出现在巴黎世界工业产品博览会上。从此，他以"电动汽车之父"为世人所知晓。

1905 年，费迪南·保时捷受聘为戴姆勒公司奥地利分公司技术部经理，由于成功设计了玛哈牌汽车而获得了他有生以来的第一枚勋章。1910 年，他成功设计了更为完善的公爵牌轿车。第一次世界大战后，面对萧条的德国经济，他曾建议戴姆勒公司老板开发平民轿车，可惜对方未能采纳。1926 年，戴姆勒公司与奔驰公司合并，由于他的许多意见与老板相左，他于 1929 年辞职。

辞职后的费迪南·保时捷于 1930 年创立了自己的公司——保时捷汽车设计所。他打算先在赛车设计领域做出一番成绩。1934 年，他以全新理念设计出了具有 16 缸增压式发动机的第一辆保时捷赛车（车头约占 1/3，车尾约占 2/3，前后桥配重比为 1 ∶ 1，油箱安置在赛车的中部——无论油量多少都不影响赛车的重心位置），并以 7.5 万美元的价格将图纸卖给了德国汽车联盟。

这辆外形新颖、性能优良的赛车先后打破了 8 项世界纪录，夺得过场地赛、越野赛、登山赛等各项赛事的冠军。德国民众虔诚地将这辆赛车取名为"银箭"（图 5-53），表达了他们对它的无限敬意。由于其表现出色，"银箭"造型确定了此后的国际赛车的基本外形。

设计和制造赛车的巨大成功，并没有使费迪南·保时捷忘记自己开发平民车的理想。从 1935 年起，他带领设计小组按照"技术成熟，坚固可靠，经济实用"的三条原则开发设计大众型轿车。1936 年 10 月 12 日，三辆大众型 VW- Ⅰ轿车（即后来的"甲壳虫"汽车，图 5-54）开发成功，并通过了技术鉴定。

图 5-53 第一辆保时捷赛车“银箭”

图 5 54 大众型 VW- Ⅰ轿车

大众 VW- Ⅰ型汽车外形与甲壳虫非常相似，风阻极小，采用风冷发动机，便于维护，扭杆独立悬架，行车平稳，整车自重 650kg，最大输出功率 19kW，最高车速 100km/h，百公里耗油小于 7L。

1937 年 5 月，大众汽车公司成立。1939 年 8 月生产出第一批“大众”汽车。但是，由于受第二次世界大战影响，费迪南·保时捷生产平民车的梦想破灭了，战前累计生产的 210 辆“甲壳虫”汽车全部装备了德军。

第二次世界大战结束后，大众公司开足马力，加紧生产由费迪南·保时捷先前设计的“甲壳虫”汽车。由于该车占领了平民车这个最大的市场，故取得了极其辉煌的成就，累计产销 2 100 多万辆。无论是繁忙的城市、宁静的乡村，还是人声鼎沸的赛车场，到处都可以看到“甲壳虫”汽车的影子（图 5-55、图 5-56）。

图 5-55 置身于繁忙的城市的“甲壳虫”汽车

图 5-56 置身于宁静的乡村的“甲壳虫”汽车

第二次世界大战期间，费迪南·保时捷曾参与过德军坦克的研制工作，战后被盟军指控为战犯关进法国监狱。

1948 年，获释后的费迪南·保时捷重操旧业，领导保时捷设计有限公司精心设计制造了 50 辆功率为 30kW 铝制车身的保时捷 356 型（因先后进行过 356 次设计变动而得名，图 5-57、图 5-58）跑车。由于该车在一次重大比赛中战胜了许多欧美名车，一夜之间便成为妇孺皆知的英雄，保时捷品牌的地位由此得以确立。

1952 年 1 月 30 日，就在保时捷 356 型跑车开始为公司赢得荣誉时，费迪南·保时捷因病去世，终年 77 岁。

图 5-57 保时捷 356 型跑车

图 5-58 保时捷 356 型跑车

八、阿夫尔·玛莎拉蒂

玛莎拉蒂汽车公司具有悠久的历史，其家族四兄弟于 1914 年在意大利科隆拿成立了玛莎拉蒂公司，并于 1926 年生产了第一辆汽车 Tipo26。创始人阿夫尔·玛莎拉蒂披挂上阵，亲自驾驶 Tipo26 型汽车参加了汽车比赛并赢得了奖项。他凭借多年的丰富工作经验以及对轿车的喜爱，在汽车行业取得了极大的成就。无论他身处何地，都以其永远的夺目显耀当仁不让地成为人们关注的焦点（图 5-59）。

图 5-59 玛莎拉蒂兄弟

玛莎拉蒂品牌早在 1914 年由玛莎拉蒂家族四兄弟创立。他们在意大利的波洛尼亚开办了一家生产汽车配件的工厂，主要业务就是将爱索特法诗尼汽车改造用于道路汽车赛。从 1923 年起，他们与一家叫迪亚托的汽车公司合作制造赛车参赛，可到了 1926 年该公司退出了汽车比赛。于是四兄弟开始独立制造赛车，于 1926 年生产了采用 1.5L 直列 8 缸发动机、最高时速可达 100 英里的 Tipo26 汽车，并以家族的名字命名。1926 年 4 月 25 日，历史上第一辆镶有三叉戟徽标的玛莎拉蒂轿车出现在 Targa Florio 赛场上，创始人之一阿尔菲力·玛莎拉蒂亲自上阵，驾驶 Tipo26 型汽获得胜利，玛莎拉蒂赛车因此一举成名（图 5-60）。

阿尔菲力的弟弟马里奥将该车型徽标设计成树叶形底座上放置的三叉戟，设计灵感来源于公司所在地博洛尼亚市市徽海神尼普顿（Neptune）手中握有的显示其巨大威力的武器三叉戟，喻示着玛莎拉蒂问世后将在世上引起巨大轰动。第一次出场，玛莎拉蒂就取得了 Targe Florio 大赛的胜利。

图 5-60 第一辆带有三叉戟标志的跑车

后来由于 Type 26 接连在一些赛事中取得了胜利，玛莎拉蒂公司开始考虑生产赛车。其后的 10 余年间，玛莎拉蒂公司又相继推出 Tipo 26B、玛莎拉蒂 V4、玛莎拉蒂 4CTR、玛莎拉蒂 4CL 等经典车型，并以其性能与品质的完美结合赢得了诸如“意大利大奖赛（Italian GP）”“的黎波里大奖赛（Tripoli GP）”等赛事的胜利（图 5-61）。

图 5-61 独一无二的“海神三叉戟”

1932 年 3 月，公司的创始人之一阿尔菲力・玛莎拉蒂永远告别了他心爱的赛车事业。

他的离去，并没有阻止尚未成熟的玛莎拉蒂在赛场上捷报频传，但公司却因经营不善而每况愈下，于 1937 年出售部分股份给 Orsi 家族。1940，年公司总部迁至摩德纳（Modena），但公司名称没有变化。

与此同时，尽管遇到来自梅赛德斯的强大竞争，玛莎拉蒂还是接二连三地取得了一系列车赛的胜利，尤其是 1939 年 5 月 30 日——这的确是个值得玛莎拉蒂骄傲的日子——一位车手驾驶着玛莎拉蒂 8CTF 取得了美国印第安纳波利斯 500 英里大奖赛的胜利，并且在 1940 年成功卫冕，连夺两届冠军，是唯一一家意大利汽车制造商摘取这项桂冠。

回顾 30 余年的参赛历史，玛莎拉蒂取得了近 500 场彻底的胜利和无数场阶段性胜利，共取得了 23 个冠军称号、32 场方程式锦标赛胜利，是唯一两次取得印第安纳波利斯 500 英里赛事冠军的意大利品牌。从科罗拉多的拉力赛到威尼斯的快艇赛事，玛莎拉蒂在所有的竞争项目中名列前茅。此间的共同特点是它所具备的不可思议的通用性——在赛道、路面、坡道上或是在大奖赛及耐力赛事中，除了在陆上，玛莎拉蒂还在水上赛艇比赛中取得了胜利。

玛莎拉蒂虽然和法拉利拥有相同的技术水平，但性能不像法拉利那样极端，更讲求舒适，并逐渐演变为日用高性能的舒适的轿跑车。

任务二 中国汽车精英代表

一、饶斌

饶斌（1913—1987 年，图 5-62），中国汽车工业的杰出奠基人和开拓者。

饶斌是吉林省吉林市人，曾经担任吉林市委书记、哈尔滨市市长、第一汽车制造厂厂长、第二汽车制造厂厂长、第一机械工业部部长、中国汽车工业公司董事长等职。

图 5-62 饶斌

第一汽车制造厂的兴建，是毛主席和当时的苏联领导人斯大林亲自商定的。1953 年 6 月 9 日，毛主席签发《中共中央关于三年建成长春第一汽车制造厂的指示》，这一天成为新中国汽车工业发祥日。饶斌被任命为第一汽车制造厂厂长。在饶斌的带领下，一汽人经过艰苦创业，仅用了 3 年时间，就建成了中国汽车工业的摇篮——第一汽车制造厂。

作为第一汽车制造厂的厂长，饶斌全身心投入轰轰烈烈的建设热潮中。他不仅是汽车厂厂长，也是建筑公司经理，工作强度很大，以至于回到家常常饭菜没有端上桌，人已酣然入睡。为掌握汽车工业制造技术和建筑技术，他虚心向技术人员和有经验的老工人求教，成为能够推车送浆和操作机床的领导干部。1956 年 7 月，第一辆解放牌 4t 载货汽车诞生了，从此结束了中国自己不能制造汽车的历史。

1958 年，“东风”汽车和“红旗”轿车又相继在一汽诞生，为民族汽车工业再次写下了浓重的一笔。

1964 年，中共中央决定建立第二汽车制造厂，饶斌又受命组建第二汽车制造厂，他决心要吸取建设一汽的经验教训，把二汽建设成为我国自己设计、自己建设、有系列生产能力的现代化汽车制造厂。在一汽，他工作了 7 年；而在二汽，他一干就是 16 年。中国两个重要的汽车制造厂的建设，都凝聚着饶斌的心血（图 5-63）。饶斌为中国汽车工业所做的贡献，也一直为国人所铭记。

图 5-63 饶斌向毛主席汇报生产情况

20 世纪 80 年代初，饶斌先后担任第一机械工业部部长和中国汽车工业公司董事长。他在全国建立起一个“中、重、轻、微”的载货车系列布局，试探性地组织上海和德国大众公司合作，小批量生产桑塔纳轿车，改变了我国汽车工业“缺重少轻，轿车空白”的局面。

1987 年 8 月，饶斌在上海逝世，终年 74 岁。

二、郭力

郭力（1916—1976 年，图 5-64），我国汽车工业的创业者，为我国汽车工业做出了巨大贡献。

郭力于 1916 年出生于河北省河间县（现河间市）高家庄一书香门第，1932 年考入哈尔滨高等工业专科学校读书，曾担任重工业部汽车工业筹备组主任和一汽厂长。20 世纪 60 年代初负责筹建第一代中国汽车工业公司，并担任经理，后又担任第一机械工业部副部长。

图 5-64 郭力

1950 年 2 月，重工业部设立汽车工业筹备组，任命郭力为筹备组主任。筹备组在郭力的领导下，以筹建第一汽车制造厂建设为主线，为汽车工业建设做了大量卓有成效的筹办工作。1952 年 4 月，重工业部任命他为第一汽车制造厂厂长。

郭力到长春上任后，深知在一片荒野上建设一座现代化汽车厂的担子有多重，因此特别需要地方政府的支援，如果调一位熟悉东北情况的干部当厂长，自己做副手，能加快工程进展。于是他亲赴沈阳和北京，向东北局和党中央汇报。中央同意了他的请求，1952 年 12 月任命饶斌为第一汽车制造厂厂长，郭力改任为第一副厂长兼总工程师。当时，“郭力让贤”成为佳话。

1959 年年末，郭力重新走上厂长岗位。面对被“大跃进”打乱的生产秩序和严峻形势，他做出了一系列后来均被实践证明是极其正确的重要决策，其中包括将工作的重点和主要力量有计划、有重点地转向企业整顿，使一度停产的一汽恢复生产，逐步走上正轨（图 5-65）。

1964 年 8 月，郭力赴北京，在原汽车局的基础上筹建中国汽车工业公司。借鉴国外经验，根据中国国情，他主持起草了《汽车托拉斯的组建报告》。1965 年 1 月，郭力被正式任命为一机部副部长兼中国汽车工业公司经理。其后，在试点的基础上，北京、南京等地相继成立了汽车分公司。至此，我国汽车工业沿着中央确定的方针，在进行管理体制的改革中有了一个良好开端。

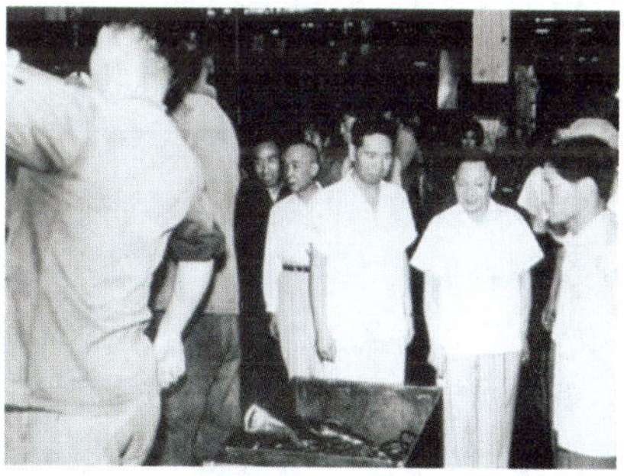

图 5-65 郭力陪邓小平同志视察一汽

1976 年 2 月，郭力因在“文化大革命”中遭受迫害病故，享年 60 岁。

三、孟少农

孟少农（1915—1988 年，图 5-66），中国汽车工业的创始人，汽车技术领域的奠基人。

孟少农原名孟庆基，参加革命后改为孟少农。1915 年 12 月 12 日出生于北京市，祖籍为湖南省桃源县仙人乡，汽车设计制造专家，中国科学院学部委员。他成功地领导了中国第一汽车制造厂、陕西汽车制造厂和第二汽车制造厂几代产品的研制和开发，为我国汽车工业的发展做出了重要贡献。孟少农童年在北京，1935 年考入清华大学，1937 年卢沟桥事变后转长沙临时大学，1940 年西南联合大学招考一批留美公费生，孟少农以出色的成绩被录取。1941 年他赴美留学，进入著名的麻省理工学院机械系，1943 年获麻省理工学院汽车专业硕士学位。1946 年回国后，任清华大学机械系教授，并创办了我国第一个汽车专业。中华人民共和国成立后，孟少农任第一汽车制造厂总工程师、副厂长。在这期间，他主持技术引进和组织人员培训，为一汽按时投产做出了卓越贡献。在一汽期间，他根据工厂发展和管理需要，创办了长春汽车工业学校，培养了一大批中级汽车技术人才。为了培养高级汽车技术人才，他创办了我国唯一的一所汽车、拖拉机学院（后改为吉林工业大学），并选派一批技术骨干去任教。1971 年 5 月，孟少农调到陕西汽车制造厂主管技术工作。他针对陕西汽车制造厂的产品发展问题，大胆改革设计，使延安牌 250 型军用越野车于 1973 年通过国家定型，成为国家最好的车型之一。

图 5-66 孟少农

1978 年，孟少农由陕汽转战到二汽，主持对东风牌 5t 载重车的质量问题攻关，解决了 64 项产品重大质量问题（图 5-67）。在二汽期间，主持创建了湖北汽车工业学院，为中国汽车工业培养了大批技术和管理人员。

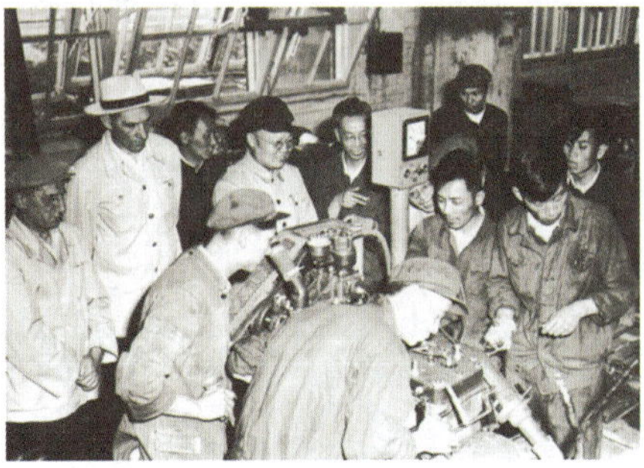

图 5-67 检验第一批生产的发动机

原中共中央政治局常委李岚清这样评价孟少农："在中国汽车工业界，孟少农是杰出的代表人物，他把自己的汽车科技知识和毕生精力无私贡献给了我国汽车工业，从不计较名誉地位，直到晚年才获得湖北省特级劳动模范、全国五一劳动奖章光荣称号。但在人们心目中，由抗日学生、进步青年、红色教授、工程师，到汽车工业的巨星、名家、创始人、拓荒者、军师、泰斗……他的各种美名不计其数，而统称他为同志或老师，我觉得是合适的。"

特别令人敬佩的是，他年届古稀时，仍思考为我国汽车工业培养人才。孟少农晚年是在口授笔耕、培育后人中度过的。虽然他的健康状况一直欠佳，经常住院治疗，然而在他最后 3 年中，从未因病停止过给湖北汽车工业学院学生讲课，他常常挂完吊瓶，就去教室上课。

为缅怀这位我国著名的汽车专家，二汽遵照国家科委提议，为孟少农塑造半身铜像两座，一座安放于湖北汽车工业学院，一座安放于武汉工学院即今武汉理工大学。

1988 年 1 月 15 日孟少农逝世于北京，享年 73 岁。

四、陈祖涛

陈祖涛（图 5-68），1928 年出生，是中国汽车工业杰出的奠基者。1951 年毕业于苏联鲍曼工学院；1953 年 9 月任第一汽车制造厂驻苏代表；1955 年回国，参与一汽筹建工作，参与了一汽的选址、设计、基建、安装、调试到投产的全过程；曾任一汽生产准备处副处长，工艺处副处长、处长，设计处处长兼一汽总工程师。20 世纪 60 年代参与设计和建设“红旗”轿车、军用越野车两个生产基地；参加了北汽、南汽、济汽、沈汽、北内、长拖等大型项目的规划设计等工作。

1964 年成为二汽筹备五人小组成员，负责二汽选址和工厂设计，先后担任二汽总工程师、技术副厂长。

从 1981 年起，参加筹建中国汽车工业总公司，历任总工程师、副总经理、总经理，中国汽车工业联合会理事长。曾当选为全国政协委员，现任国家科委专职委员。

陈祖涛的人生经历大多是同新中国汽车工业的发展紧密联系在一起的。他不愧为中国汽车工业的元勋，与共和国汽车工业命运同行的人。

图 5-68 陈祖涛

五、潘承孝

潘承孝（1897—2003 年，图 5-69），汽车和内燃机专家，中国内燃机和汽车工程教育的奠基人之一。他主张理工结合，强调基础理论的教育和实践能力的培养，走教学、科研、生产三结合的道路，为中国的汽车理论教育事业做出了重大贡献。

图 5-69 潘承孝

潘承孝，字永言，1897 年出生于江苏省苏州市。小学和初中在苏州度过，1912 年转到北京汇文中学，1915 年考入唐山工业专门学校（即唐山交通大学，今西南交通大学）。1921 年以机械系第一名的优异成绩毕业，被交通部保送官费留学美国。

在 20 世纪 20 年代，当汽车、内燃机还是一门新学科时，潘承孝就远涉重洋到美国学习这门学科。回国后，在 20 世纪 30 年代，我国工科大学开设这两门课程的还屈指可数，潘承孝是最早讲授这两门课程的教授之一。

当时有“南黄北潘”之称。南黄，即上海有交通大学黄叔培教授讲授这两门课程；北潘，即在北方的潘承孝。当时我国尚无自己的汽车工业，但无疑他已为祖国的汽车工业播下了人才的种子。潘承孝从事工程教育 60 多年，有丰富的办学经验，为发展祖国汽车工业培养出大量人才，付出了毕生心血。

2003 年 12 月 22 日潘承孝在天津逝世，享年 106 岁。

六、郭孔辉

郭孔辉（图 5-70），福建福州人，1935 年生，是我国著名的汽车专家，中国工程院院士。现任吉林大学汽车工程学院院长、教授、博士生导师，中国汽车工程学会副理事长，中国汽车工业协会副理事长等。

图 5-70 郭孔辉

郭孔辉是我国汽车行业的著名专家，在国内外同行中享有很高的声望，在汽车系统动力学及其相关领域造诣精深。在轮胎力学、汽车动力学以及人—车闭环操纵动力学等方面的研究成果均达到世界先进水平。

郭孔辉是我国最早把近代系统力学与随机振动理论引入汽车科学研究的学者，在汽车振动与载荷方面系统的具有开创性的著述在国内外都有重要的影响，也是我国汽车操纵稳定性、平顺性、制动与驱动稳定性以及轮胎力学等学术领域的主要开拓者和学术带头人。

七、李书福

李书福（图 5–71）,1963 年生，浙江台州人，吉利汽车公司创始人，浙江吉利控股集团有限公司董事长，被称为中国汽车工业的“疯子”“奇人”和“黑马”。

李书福的浙江吉利控股集团有限公司始建于 1986 年，由小作坊生产起家，目前已经发展成为国内汽车行业十强中唯一一家民营轿车生产经营企业。经过 20 多年的不懈努力，吉利公司已经在汽车、摩托车、汽车发动机、变速器、汽车电子电器及汽车零部件制造领域取得了辉煌业绩。

图 5–71 李书福

2010 年 3 月 28 日，中国浙江吉利控股集团有限公司与美国福特汽车公司在瑞典哥德堡举行签字仪式，正式签署收购沃尔沃汽车公司的协议，实现了“羞怯的乡村少年迎娶美丽的城市姑娘的梦想”（李书福语）,首开中国民营企业收购国外著名汽车公司的先河。

李书福领导的吉利汽车公司，怀着“造中国人的汽车”的梦想，走出了一条民族汽车产业的自主创新之路，也代表着中国民族汽车工业的希望。

正是由于吉利的奋力拼搏，才使得汽车价格由先前的高不可攀降到现在的触手可及。今天，所有花费不到 10 万元人民币就可购买一辆属于自己的私家汽车的中国人，都要对李书福表示深深的敬意。如果没有李书福和他领导的吉利汽车公司的拼搏和贡献，中国人买车将永远是个梦！

课题小结

卡尔·本茨 1899 年制造出第一辆赛车，1906 年本茨和他的两个儿子在拉登堡成立了奔驰汽车公司。1926 年 6 月 29 日，奔驰汽车公司和戴姆勒汽车公司合并，成立戴姆勒 - 奔驰汽车公司，总部设在斯图加特市。此后，戴姆勒 - 奔驰汽车声誉鹊起，成为高档汽车的代名词。

福特 T 型车彻底改变了人们的生活方式、思维方式和娱乐方式，将人类带入了崭新的汽车时代。

思考与练习

一、填空题

1.1884 年，卡尔·本茨出生于____________。1860 年，进入____________学校学习，人称“____________”。

2. 享有“汽车大王”美誉的是______________。

3.20 世纪 80 年代初，__________________先后担任第一机械工业部部长和中国汽车工业公司__________。

4. 郭力于 1916 年出生在河北省________一书香门第，1932 年考入哈尔滨________学校读书，曾担任重工业部汽车工业筹备组主任和____________。20 世纪 60 年代初负责筹建第一代中国汽车工业公司，并担任经理，后又担任第一机械工业部__________。

二、判断题（对的画“√”，错的画“×”）

1. 亨利·福特坚持认为：汽车厂卖的不只是汽车，还有无微不至的服务。（　）

2. 孟少农 1935 年 12 月 12 日出生于北京市，祖籍为湖南省桃源县仙人乡，汽车设计制造专家，中国科学院学部委员（　）

3. 哈利·厄尔是美国工业设计领域的代表人物，世界第一个专职汽车造型设计师。（　）

4. 乔治·亚罗 14 岁就成为菲亚特的汽车设计师。（　）

5. 安德烈·雪铁龙于 1915 年创建了雪铁龙汽车公司，并只用了 6 年就使公司年产量突破 100 万辆。（　）

三、简答题

1. 大众 VW- Ⅰ型汽车有何特性？它就是后来的什么车？

2. 鲁道夫·狄塞尔为汽车的发展做出了什么贡献？后人如何纪念他？

3. 利用图书和网络资源查一下还有哪些知名的汽车人物，他们都为汽车工业的发展做了些什么事情？

课题六

时尚汽车

[课前摘要]

学习课题	时尚汽车	班级		日期	
学习目标	完成本课题学习后，你应能： 1. 知道汽车运动的起源及其发展史； 2. 叙述赛车的种类，叙述 F1 方程式赛车，了解赛车运动； 3. 了解各大汽车博物馆，了解汽车品牌； 4. 熟悉世界著名车展。				
参考资料	教学资源　图书　网络资源				
课题任务	学前预习				
	1. 精彩汽车赛事	1. 首次汽车运动都有那些车辆参赛？比赛情况怎样？ 2. 汽车运动是如何分类的？都有何规则？ 3. 现代最流行的汽车运动有哪些？都在哪里举行？			
	2. 汽车博物馆	1. 哪些汽车品牌建立了自己的汽车博物馆？ 2. 你最想去参观的博物馆是哪家？为什么？			
	3. 汽车展览会	1. 世界知名车展有哪些？ 2. 国内大型的车展有哪些？都是什么时候举行？ 3. 说说车展上给你印象最深的车型或是你最想去看的车展，为什么？			
备注					

任务一　精彩汽车赛事

一、汽车运动的起源

1894 年，在法国举行了首次汽车比赛，共有 102 辆汽车参加。比赛的目的是检验车辆的性能，宣传汽车的安全性和可靠性。参赛的有内燃机汽车、蒸汽汽车、电动汽车和酒精汽车。比赛结果，只有 9 辆汽车到达终点，蒸汽汽车获得第一名，时速为 24km。

自从第一次汽车比赛开始之后，美国和欧洲一些国家每过几年就要举行一次汽车比赛。

1904 年 6 月，法国、英国、德国、比利时等欧洲国家发起成立国际汽车联合会，总部设在法国巴黎（后移至瑞士），以推动汽车工业发展为宗旨，并负责全球汽车俱乐部和各种汽车协会的活动。下设世界汽车旅游理事会、世界汽车运动理事会，负责统筹安排世界各国的汽车运动，为所有不同种类的赛车运动制定规则，协调安排世界范围内的各项汽车比赛。

图 6–1 为 1908 年纽约至巴黎汽车拉力赛的一组珍贵的老照片，从中可见当时的比赛盛况。

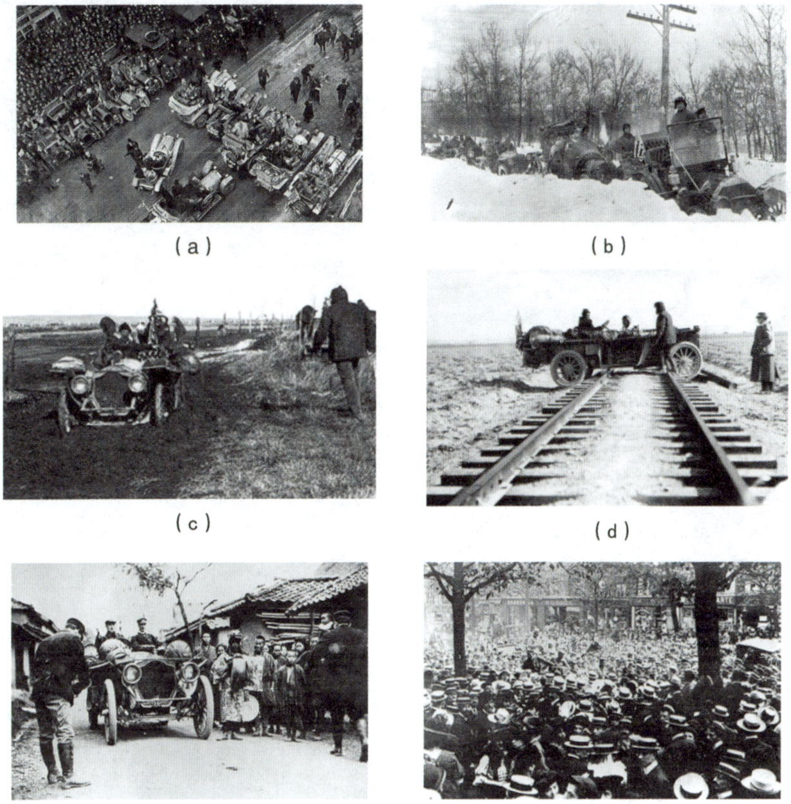

图 6–1 1908 年纽约至巴黎汽车拉力赛

中国汽车运动联合会于 1975 年成立，1983 年加入国际汽车联合会。

1985 年，中国汽车运动联合会举办了香港—北京（港京）汽车拉力赛。这是中国汽车运动的一个先驱性项目，共计举办了七届。

图 6–2 为港京汽车拉力赛路线图，图 6–3 为港京汽车拉力赛冠军车队在庆祝胜利。

自 1994 年起，“港京拉力赛”被国际汽车联合会列为亚太拉力锦标赛的一站。为了申办世界拉力锦标赛，1997 年“港京拉力赛”改为“中国拉力赛”，并在 1999 年被批准列为当年世界拉力锦标赛中的一站。

图 6–2 港京汽车拉力赛路线图

二、赛车组织机构

国际汽车联合会（FIA，简称国际汽联，其徽标如图 6-4 所示）于 1904 年 6 月 20 日成立，由法国、英国、德国和比利时等几个欧洲国家发起，现在总部在瑞士。

图 6-3 港京汽车拉力赛冠军车队在庆祝胜利

图 6-4 FIA 的 Logo

FIA 是一个非营利性组织，代表五大洲的 117 个国家的 150 个国家级汽车驾驶组织。FIA 有两大部分：旅行和汽车部；运动部。

旅行和汽车部：负责协调道路交通安全、环境保护、消费者权益保护、组织相关活动及旅行事务等。

运动部：负责管理世界所有形式的汽车运动，包括每年吸引 600 多亿人次电视观众的一级方程式锦标赛（F1），还有 F3000 大赛、旅行车（GT）赛、世界汽车拉力锦标赛、卡丁车赛等。FIA 根据各国的申请，每年在世界上约 80 个国家安排近 800 场各类汽车比赛。

FIA 的官方语言为法语和英语。FIA 是国际奥林匹克委员会成员组织。

FIA 制定有关汽车大赛路线、车辆、驾驶员以及比赛规则的相应规定，对比赛和成绩进行认可，并对举行的比赛做必要的调整或协调。FIA 联系着各个国家的中央汽车俱乐部。各地方汽车俱乐部就汽车比赛有关事务与 FIA 进行接触，参照国际比赛的规则，制定适合当地的比赛规则，组织实施汽车比赛。

三、汽车运动的分类

目前国际上正规汽车比赛主要分长距离比赛（又可细分为拉力赛、越野赛等）、环形场地赛（又可细分为方程式汽车赛、耐久赛等）以及无道路比赛（如特种车赛、大脚车赛等）几种。

详细的汽车运动的分类见表 5-1。

其中，当属一级方程式锦标赛的影响力最大，也最被我国所观众所熟悉。

另外，国外比较有热度的比赛还有直线加速赛（Drag Racing），这种比赛是源自美国的富家子弟。早期是因为这些花花公子过腻了纸醉金迷的奢侈生活，需要寻找新的刺激来满足自己的欲望，目光便转向了当时还属奢侈品的汽车。直线加速比赛按不同车型及发动机工作容积分为 12 ~ 14 个级别，在两条并列长 1 500m、各宽 15m 的直线柏油跑道上进行，实际比赛距离为 400m，所以国际上也惯称“零四”加速赛。

表 5-1 汽车运动的分类

长距离比赛	拉力赛	一级拉力赛
		二级拉力赛
	越野赛	巴黎—达喀尔赛，巴黎—莫斯科—北京赛
环形场地赛	方程式汽车赛	F1
		F3
		方程式 3000
		亚洲方程式
		卡丁车方程式
	耐力赛	法国勒芒 24 小时耐力锦标赛
		日本铃鹿 8 小时耐力锦标赛
无道路比赛	特种车赛、大脚车赛等	

四、一级方程式锦标赛

自从汽车问世以来，人们就对汽车进行车速和耐久性竞赛。由于其竞赛激烈、刺激性强和充满趣味性，吸引了众多的汽车爱好者，特别是赛车运动中等级最高的一级方程式锦标赛令世人瞩目。如图 6–5 所示。

图 6–5 F1 赛场

1. 何为 F1 赛车

F1 是 Formula 1 Grand Prix 的简称，Formula 1 Grand Prix 译成中文就是“一级方程式锦标赛”。这项比赛的正式全称是“一级方程式赛车世界锦标赛”，英文为 FIA Formula 1 World Championship，习惯上称为 F1 赛车。F1 赛车是汽车场地赛项目中最高级别的比赛，也是世界上最引人注目运动项目之 。60 年来吸引了数百万观众到场观赛，年电视收视率高达 600 亿人次。全世界的车手几乎都以拼杀 F1 赛场为终极目标。F1 赛车徽标如图 6–6 所示。

Formula 1

图 6–6 F1 赛车徽标

20 世纪 30 年代，为了规范汽车比赛并使比赛的胜负不再由发动机的功率而是由车手的技术来决定，人们开始规定发动机的类型和汽缸容量。于是有了方程式（Formula, 意为规则或限制）的概念。所谓方程式赛车是按照国际汽车运动联合会的规定标准制造的赛车。这些标准对“方程式”赛车的车长，车宽，轮距，车重，发动机的功率、排量、是否用增压器以及轮胎的尺寸等技术参数都做了严格的规定（图 6–7）。

图 6–7 F1 赛车

生产方程式赛车的厂家首先要通过 FIA 的认可，在确信有足够的技术生产实力后才能够生产方程式赛车。方程式赛车是生产厂家创造力、想象力、技术水平、经济实力的结晶，其价值不亚于一架小型飞机。

方程式赛车共有 3 个级别：

一级方程式，简称 F1 ，规定发动机汽缸排量 3L，功率 441 ~ 515kW），最高时速可达 320km。

方程式 3000，简称 F3000，规定发动机汽缸排量 3L，功率 349kW。著名赛事有国际汽联 F3000 与欧洲 F3000 锦标赛。

三级方程式，简称 F3，规定发动机汽缸排量 2L，功率 125kW）。著名赛事有福特、欧宝、雷诺方程式系列赛，大众方程式锦标赛也属于这一系列。

一级方程式锦标赛是方程式赛车中的最高级别。根据 FIA 的有关规定，每年全世界有资格驾驶 F1 赛车的车手不超过 100 名。所有驾驶 F1 赛车的选手，都必须持有 FIA 签发的“超级驾驶执照”，每年只有少数的优秀车手有资格参加决赛。

2.F1 比赛规则

（1）计分方法

因为 F1 比赛的时间不是跨年度的，所以 F1 使用的是单一年度联赛制度，通过全年积分来决定车手和车队的成绩，以便产生冠军。F1 的年度总冠军分为两种：车手总冠军及车队总冠军。在 F1 专家的眼中，车队总冠军的价值要远远大于车手总冠军。F1 比赛的计分方式采用积分制，车手与车队的分都是积累的，车队积分以两位车手积分累加。假如比赛在未达全部赛程 75% 时被迫中止，则积分必须乘上1/2，通过各赛站积累计分，即可决出本年度车手及车队的世界冠军。若最终积分相同，则比较分站冠军数、亚军数、季军数……直到一方比另一方多为止。如果依旧相同，还要比较正赛最快圈速的多少、杆位的多少，终极的方式将通过抽签决定。

(2)季赛与赛程

第一场F1赛举办于1950年，比赛地点是一个由英国战后废弃的飞机场改造成的银石赛道。2010年是F1的第61个赛季。F1的规模从当初每年只有7场比赛，发展到目前每年最多可举办19场比赛，比赛地点涵盖了五大洲18个国家。每年赛季从3月开始到11月结束，全年19场比赛中超过一半的比赛是在欧洲举行的。为了配合全世界的电视现场直播，F1的赛程以约300km（蒙特卡罗为特例）或2h为限，谁先完成，比赛即告结束。最长的赛程是日本站（310.352km），最短的赛程是摩纳哥站（262.626km）。F1每单场的赛程分为3天，即星期五11时至12时的自由练习（不计成绩）及14时至15时的第一段测时赛，成绩作为星期六正式排位赛出发顺序的依据；星期六9时至9时45分及10时15分至11时的自由练习（不计成绩），星期六14时至15时的测时排位（Qualifying）；星期日14时的决赛（The Grand Prix）。

正式比赛是最刺激的部分。星期日14时，比赛正式开始。赛程约300km，差不多需要耗时1.5h，如有意外情况必须延迟，也不得超过2h，比赛结束后即进行颁奖。决赛过程中，选手必须视轮胎的磨损状态进入维修站（Pit）换胎及加油，称为Pit Stop。从2010年季赛开始，F1取消了比赛中途加油，所有赛车不得中途加油。比赛结束后，前10名车手可分别获得25、18、15、12、10、8、6、4、2、1的积分。一个赛季（1年）比赛下来，积分最多的车手即获得F1年度冠军车手的头衔。2009年度冠军车手是汉密尔顿（Lewis Hamilton，图6-8）。

F1的车队积分是该车队两部赛车在整个赛季当中所获得的积分总和。积分最多的车队可拿下年度车队冠军。

图6-8 汉密尔顿加冕F1三冠王

3.F1参赛车手与车队

目前，F1汽车大赛共有12支参赛车队，每队最多有2名车手参赛。法拉利（Ferrari）车队、迈凯伦（Mclaren）车队和威廉姆斯（Williams）车队在多年的F1赛场上战绩辉煌，被称为F1车队的“三大豪门”。法拉利车队是F1赛车界的“大哥大”。从1999年到2010年，法拉利车队连续多年蝉联年度车队总冠军和车手总冠军，日益显露出垄断态势，其中“车王”德国人迈克尔·舒马赫（Michael Schumacher，图6-9）功不可没。法拉利车队总

图6-9 “车王”迈克尔·舒马赫

部设在意大利，所用发动机是由生产世界上最著名的跑车的法拉利公司提供的，其轮胎供应商是日本的普利司通公司。

威廉姆斯车队 1973 年才加入 F1 狂飙行列，不过这并不影响它成长为 F1 巨头。威廉姆斯车队历史上最传奇的人物要数巴西人赛纳（Senna，图 6-10），这位天才车手 1994 年在圣马力诺伊莫拉赛道代表威廉姆斯车队参赛时遇难。威廉姆斯车队曾经由法国雷诺公司提供发动机，现在发动机供应商则是德国宝马公司。

麦克拉伦车队的创始人是布鲁斯·麦克拉伦，他在 1970 年试车时不幸遇难。1974 年，这支车队获得第一个年度总冠军。20 世纪末，芬兰“飞人”哈基宁（图 6-11）两度为麦克拉伦赢得车手总冠军。

图 6-10 天才车手赛纳

图 6-11 芬兰“飞人”哈基宁

F1 汽车大赛，不仅是赛车手勇气、驾驶技术和智慧的竞争，在其背后还进行着各大汽车公司之间科学技术的竞争。福特汽车公司就形象地把汽车大赛比作“高科技奥运会”。在汽车大赛中推出的新型赛车，从设计到制造凝聚着众多研制者的心血，并代表一家公司乃至一个国家的科技水平。汽车大赛还是各国科技人才素质的较量。据悉，德国有 2 000 多名专业人才直接从事赛车的设计、制造和研究工作；美国约有 1 万人，而日本最多，近 2 万人。

Formula 1 里面的这个“1”不仅仅代表比赛所用的车辆是世界顶级的技术结晶，也不仅仅代表参赛的车手都是世界赛车界的精英，而从另一个角度讲这个“1”则是代表 F1 是世界顶级“金钱大赛”。一辆 F1 赛车的发动机造价为 12 ~ 30 万美元，一条固特异轮胎约 600 美元，资格赛用的汽油每升 240 美元……高额的投入，同样提升着广告的价位，世界音响巨头健伍在著名车手的车身上印刷 4 个 10 × 12cm 的商标就要掏 400 万美元。

4.F1 指挥旗及旗语

指挥旗为长方形，由赛道各处的裁判执掌。各种旗语的具体含义如下：

（1）黄旗

出示黄旗表明前面有事故状况，可能是撞车或是有发生机械故障的赛车，车手驾车必须特别小心，并且赛车要准备缓慢减速。平举的黄旗表示前面发生故障的赛车停在赛道外的路边，或是赛道上有事故车残骸等。如果发生事故造成塞车的状况，将有两支黄旗在挥动。

出示黄旗还表示车手不准超车，假如车手没有注意到黄旗的出示，赛车以比赛的车速行驶到事故现场，那将是十分危险的。因此，对不守出示黄旗规定的车手将会被重重地处罚，严重的甚至可能被取消比赛资格。

（2）红黄相间条纹旗

在F1比赛过程中，出示红黄相间条纹旗表示前面的赛道路段湿滑，路上可能有油污，赛车手驾车必须小心通过。

（3）白旗

在比赛过程中，出示白旗说明前方赛道路段有慢车，可能是救护车、拖车，或者是国际汽联的安全车，车手必须小心，并且准备减速。

（4）红旗

出示红旗表示比赛暂停或提前结束。出示的红旗将会出现在全会场上。当赛车手看到红旗，必须在完圈后进入Pit，等待组委会的命令重新比赛或停止比赛。

（6）蓝旗

在F1比赛过程中出现蓝旗，表示赛车的后方有较快的赛车跟进，并且准备超越。摇动的蓝旗表示前方的赛车必须让路给后方较快的赛车，以便后车超车。如前方赛车的车手不理会蓝旗三次让路的警告，其赛车将会受到被处罚进站停10s的处理。

（6）黑旗

黑旗的出现表示被警告的车手在赛道上比赛时，有犯规行为出现，车手必须在完圈之后，马上回到Pit。黑旗将伴随着有犯规行为的车号在起终点处出现。被警告的车手可能会被取消比赛资格或是被加时处罚。

（7）黑底红圈旗

黑底红圈旗的出现表示组委会认为被警告的车手的赛车有机械故障，比赛时可能会有事故发生，赛车必须在完圈以后，马上返回Pit。黑底红圈旗将伴随着该赛车的车号在起终点处出现。除非赛车故障修复，否则被警告的车手不能返回赛场比赛。

（8）黑白格子旗

出现黑白格子旗表示比赛或赛段退出，车手必须马上返回 Pit，并且进入围场。进入围场的赛车将会被 FIA 检验是否符合其制定的规定。挥动黑白格子旗是针对终点冲刺的冠军赛车的，固定不动的黑白格子旗是针对其他通过终点的赛车的，表示比赛圆满结束。

（9）绿旗

绿旗的出现表示原先赛道发生的事故已经消除，车手可以恢复比赛的速度，或者可以超越对手。

五、大脚车赛

图 6–12 大脚车

大脚车（Bigfoot Car，亦称 Monster Truck，图 6–12）被称为最疯狂的运动车。

大脚车使用的轮胎是联合收割机上的大轮胎。把轮胎的花纹削掉，每个大轮胎约减轻 91kg，使车速可达到 120km/h。

在大脚车赛（Monster Truck Racing）中，为了使大脚车能够跳得足够高，以便进行惊险的空中表演，必须使用功率足够大的发动机，涡轮增压器目前已是大脚车的标准装备。为了使大脚车重心位置更加合理，发动机位置的设计既低又靠后，使整车重心偏后，当汽车高高跃起落地时，能使后轮先着地，避免前轮先着地而使车向前翻滚。

为使驾驶员的操作更简便，大脚车采用了自动变速器，为了增大扭矩，采用了一个分动器。大脚车不仅具有四轮驱动，而且还能够四轮转向。前轮的液压助力转向系统使用了一个减压阀。如果没有这只阀门，那么当车子一个前轮着地时，对液压系统产生的回弹力会使转向盘急速回转，这个力量足以扭断驾驶员的手指或手腕。

驾驶着改装的大脚车驰骋在一般越野车难以通过的路面上，特别是将一辆辆小轿车碾碎（图 6–13、图 6–14）及在沙地、泥浆中或山地上角逐（图 6–15），内心深处的野性、激情和破坏欲都会尽情释放，令人酣畅淋漓、其乐无穷。

图 6–13 大脚车碾轧小轿车

图 6–14 大脚车碾轧小轿车（砸向小轿车）

六、耐力赛

图 6-15 大脚车驰骋在沙地上

耐力赛（Grand Touring Racing）亦称“GT 赛”，汽车耐力赛比的就是耐力。最具代表性的汽车耐力赛就是勒芒 24 小时耐力赛。勒芒位于法国巴黎西南约 200km 处，是一个人口约 20 万的商业城市。这个小城市能够闻名世界，主要是因为自 1923 年开始（1936 年、1940—1948 年除外），每年 6 月举行的被称为最辛苦的单项赛事“勒芒 24 小时耐力赛”。3 位车手为一个车组，驾驶一台赛车，完成连续 24 个小时的竞赛。

勒芒 24 小时耐力赛同世界一级方程式锦标赛、世界汽车拉力锦标赛并称为世界最著名和最艰苦的三大汽车赛事。自从首届比赛于 1923 年举行以来，除了“二战”前后的几年以外（1936 年、1940—1948 年未举行），勒芒耐力赛从未间断过。

1. 赛车

不同于别的赛车运动，勒芒的耐力赛不仅需要车厂造出一台最快的赛车，还需要是一台具有稳定性的赛车，同时它还必须很省油：比赛中尽量少进站加油有利于获得胜利（图 6-16）。

由于 Mulsanne 赛道的超长直道，车厂需要做一辆空气效应良好的赛车，又要兼有节油的优点，以符合 21 世纪汽车发展的大方向。所以，许多车厂都将勒芒看作是新车测试性能和耐力的地方。测试结果良好还可以把它投入更高级别的车赛中去。

图 6-16 保时捷勒芒 24 小时耐力赛冠军车

2. 分组

勒芒 24 小时耐力赛赛车有 4 种，分别为 LMP、LMPGTP、LMGTS、LMGT，各种不同排量和不同组别的赛车同场竞技，最后分别计算成绩。LMP 类赛车是一种专为勒芒赛道和长达 24 小时耐力赛而设计的车，称为 Le Mans 原型车（Le Mans Prototype，LMP），分为 LMP 900 和 LMP 675 两种，主要区别在于车重不得低于 900 千克和 675 千克。曾在 5 年中 4 次赢得勒芒大赛冠军的奥迪 R8 属于 LMP900 这种车型。

比赛中每辆赛车配备 3 名车手，轮流驾驶与休息，每位车手连续驾驶时间不超过 4h，主车手总驾驶时间不超过 14h。所有的加油、换胎和维修时间都包括在 24h 内，最后行驶里程最多的赛车获胜。

3. 赛道

耐力锦标赛的赛程主要有 1 000km、1 610km、5 000km 和 8 050km（图 6-17），以时间计有 6h、12h 和 24h；其中以 1 000km 汽车大赛和勒芒 24 小时耐力赛最著名。汽车耐力赛对汽车的性能和车手的耐力都是极大的考验，这是一项艰苦的比赛。

图 6-17 勒芒 24 小时耐力赛赛道

勒芒大赛在世界上最负盛名，胜过美国印第安纳 500 和其他任何汽车大赛，因为一般的耐力赛只有 500 ~ 1 000km，而勒芒耐力赛约 5 000km。勒芒的赛道是一条环形跑道，全长 13.5km，沥青和水泥路面由高速公路和街区道路封闭而成，平均时速超过 200km。在赛道上有一段长约 6km 的直道，赛车在这段直道上的时速可高达 390km，在 24h 的比赛中，车手们要在这段直道上高速行驶 6h，对赛车的性能和车手的耐力都是极大的考验。

也有人说它是大规模组织起来的赌博，以牺牲许多人的生命为代价来提高几个汽车制造厂家的名气。不管勒芒的赛道多么艰险，也不管历史上发生过多少悲剧，每届勒芒大赛都在 6 月份如期举行。一些汽车厂家不惜耗资数百万美元，想在这项大赛中取胜，谁也不肯轻易放过利用这项大赛来提高公司声誉的机会。

4. 危险

勒芒大赛对汽车的速度和耐力都是最严峻的考验。 1955 年保时捷、捷豹和梅赛德斯 - 奔驰公司都派队参加了比赛。在此之前，这三家公司相遇是在 1955 年 6 月 11 日。在那次比赛中，发生了令人震惊的悲剧。当车手马克林驾驶着奥斯汀汽车突然驶向道路一侧，给麦克驾驶的捷豹 T 型车让路时，从后边快速追上来的梅赛德斯 - 奔驰 300SLR 车躲闪不及，直接从奥斯汀上轧了过去，像炮弹一样飞向旁边的护栏，“轰”的一声巨响，车被撞成了两截，立即起火，喷着火舌砸到观众密集的看台上，驾驶员当场丧生，观众 83 人死亡。当时赛会组织有关人员将死伤者运走，把垃圾清理掉，宣布比赛继续进行。最终捷豹赛车取得了胜利。捷豹又连续在 1956 年和 1959 年夺魁。自 1958 年后规定有了变化，对赛车发动机的排量有了限制，不得超过 3L。经过较量，英国制造的捷豹汽车仍无对手。20 世纪 50 年代，捷豹汽车五次夺得冠军，使它在近 20 年里一直享有盛誉。夺取锦标不容易，保持荣誉更需要不断努力。捷豹车厂不断将新技术应用到所生产的汽车上，坚持参加勒芒汽车大赛，而梅赛德斯 - 奔驰汽车公司也开发出新车型，竭力争取夺得这项大赛的殊荣。

勒芒大赛对车手是个极大的考验，FIA 规定每辆赛车只准 3 名车手轮流驾驶，每人连续驾驶时间不超过 4h，主车手总驾驶时间不超过 14h。很多著名的赛车手都对勒芒大赛刮目相看。四次获得勒芒大赛冠军的法国车手波斯卡科洛说：“如果不打算参加勒芒车赛，就不能算是一个真正的赛车手，趁早去找个别的行当，像种地什么的去干吧！”波斯卡科洛的搭档，老牌赛车手沃森与他的观点并不完全一样。他说：“我觉得参加勒芒大赛是与你理智的判断相违背的。”印第安纳车赛的老手科根说：“一般说来，赛车手们并不过于害怕这项运动的危险，即使担心，也不是在他们坐在车内进行比赛的时候。勒芒确实有点不寻常，并不是因为车速太快，而是高速行驶持续的时间太长，好像是没完没了似的，这就使你有时间去想那些本不该想的事情……到了夜里又完全相反，我的脑子完全发木了，因为我已经被吓得灵魂出窍了。”德国著名车手路德温格不加掩饰地说：“尽管我已经三次取得过勒芒的冠军，但我仍然痛恨这个地方！这纯粹是轮盘赌。”勒芒大赛既像磁石一样吸引着赛车手，又像恶魔一样令人望而生畏。

5. 分组

勒芒环行跑道全长 13km，其中绝大部分是封闭式的公用高速公路，赛车在其 2/3 的路段上时速达 370km 左右，C 组车一般只用 3min 左右的时间就能跑完一圈的路程。在跑道上有一段约 6km 的直路，赛车在这段路上飞速驶过，速度达到 390km/h。车手们在 24h 的比赛中，在这段路上行驶要用 6h，紧张得令人感到窒息，哪怕是稍有疏忽，后果都不堪设想。当然这段路对车辆也同样是最严酷的考验，发动机在拼命地嘶叫，仿佛是要从底盘上挣脱开来，要从机器罩下蹿出似的，而轮胎也好像是被火炉烤得要爆炸一样（图 6-18）。

尽管勒芒汽车大赛危险重重，但是由于它是世界上最重要的比赛之一，同时由于这项比赛给车手们的分数相当于其他世界锦标赛的 3 倍，因此吸引着越来越多的赛车好手来参加。

图 6-18 勒芒 24 小时耐力赛赛况

6. 勒芒传奇

2000 年至 2011 年的 11 次比赛中，奥迪包揽了 9 次冠军，以至于奥迪 R8、R10 已经成为全球最成功的勒芒 24 小时耐力赛赛车的代名词。奥迪于 1999 年正式参加勒芒 24 小时耐力赛。最早出战的奥迪 R8 赛车配备了 V8 发动机，采用了 FSI 汽油直喷技术，从而以低油耗造就了强大的竞争优势。

在奥迪 R8 初次参赛就振奋人心地获得了季军之后，奥迪以一款 2000 年新开发的 R8 奥迪辉煌（图 6-19）包揽了 2000 年和 2001 年耐力赛的冠军。然而，胜利并没有就此停止。2002 年，奥迪车队上演了“帽子戏法”，连续第 3 次将冠军收入囊中。2004 年和 2005 年，奥迪车队又传奇般地连续获得胜利，使奥迪 R8 在勒芒 24 小时耐力赛中取得 5 次冠军。2005 年 12 月 13 日，奥迪公司在巴黎向全球正式亮出了奥迪 R10。作为柴油直喷发动机技术的发明者，奥迪凭借此款搭载了 5.5 升 V 型 12 缸双涡轮 TDI 柴油直喷发动机的赛车，夺取了 2006 年第 74 届勒芒耐力赛的冠军，奥迪成为勒芒历史上第一个使用柴油动力车型夺冠的制造商。

克尔维特（Corvette）车队堪称赛车史上最传奇的车队之一。几乎无敌的克尔维特 C5 从 1999 年参赛至今，几乎统治了 ALMS 和勒芒 24 小时耐力赛中所参加的组别。那醒目的黄黑相间涂装和 V8 发动机浑厚的声浪早已被车迷所熟悉、所深爱。

2000 年 9 月克尔维特车队赢得了首场胜利。从此克尔维特车队一发不可收，在后来的几年中车队战绩显赫。克尔维特车队在2001年戴通纳24小时耐力赛上取得完胜，在2001年至2004年的勒芒24小时耐力赛GTS组拿下车队冠军四连胜，其中2001年、2002年、2004年还取得了车手的冠亚军。其中最风光的要属2004年（图6-20），在这一年里参加的每一场比赛，克尔维特车队都获得了杆位和冠军，同时没出现任何机械故障，也没有更换过发动机和变速箱，甚至连爆胎都没有。这绝对是赛车史上的奇迹！

图6-19 奥迪辉煌

图6-20 2004年几乎无敌的克尔维特C5

2005年克尔维特车队开始使用C6.R赛车参赛。征战至今，克尔维特车队取得的荣誉让人震惊：ALMS赛场上连续8年收获车队和制造商冠军，同时连续7年收获车手冠军；勒芒大赛上获得5次冠军。当然，2007和2008赛季在ALMS赛场上克尔维特车队在独孤求败了2年后，转向充满竞争的GT2组别，面对保时捷、法拉利、宝马和Panoz等强大对手。2009年的勒芒是克尔维特车队在GT1组的最后一场比赛，并如愿以偿地再次获胜，完成了这辆传奇赛车最完美的结局，这也将是GT1组别的神话——克尔维特成了勒芒赛GT1组永远的冠军车队！

同样性质的比赛还有日本铃鹿8小时耐力赛（图6-21）。日本铃鹿8小时耐力赛，曾经是日本最重要的汽车比赛，在1990年达到高峰，有160 000名观众前来观看130名车手厮杀。而其中有63名是外国车手。

图6-21 铃鹿8小时耐力赛摩托车赛赛况

七、汽车拉力赛

拉力赛（Rally）亦称多日赛，是汽车道路比赛项目之一，在有路基的土路、砂石路或柏油路上进行，是一种在一个国家内或者跨越数国举行的既检验车辆性能和质量，又考验驾驶技术的长途比赛。

1. 拉力赛里的F1—WRC

拉力赛将整条比赛路线划分为若干站，要求按规定时间通过各站；时间长者减分，以减分少者为胜。著名的拉力赛有蒙特卡罗拉力赛、东非沙法利拉力赛及巴黎—达喀尔拉力赛等。

世界拉力锦标赛（World Rally Championship，WRC，又译作世界越野锦标赛，其徽标如图 6–22 所示）是一项由国际汽车运动联合会组织的，级别最高的拉力系列赛事。第一场赛事在 1973 年举行。

图 6–22 世界拉力锦标赛的徽标

世界拉力锦标赛（图 6–23）是仅次于 F1 的世界顶级赛车运动，参加 WRC 的赛车以制作精良的顶级世界越野拉力赛车（World Rally Car）为主，通常参加 WRC 比赛中等级最高的组别。除此之外还有很多私人车队参赛。一般每一站的参赛车辆有 70 ~ 100 辆。全球约有超过 10 亿人次通过电视转播或其他媒体观赏这项世界顶级的汽车越野拉力赛事。

图 6–23 世界拉力锦标赛的精彩瞬间

同时，WRC 还以它“不要门票的比赛”或“家门口的比赛”而闻名，因为 WRC 的赛道多是由乡村野外的砂石、沙漠或者沥青路面组成，比赛时赛车会在村庄中穿行，而观众就站在赛道两侧的安全区域观赛，可以近距离地体验赛车飞驰的惊险刺激。

世界拉力锦标赛是所有赛车项目中最苛刻的一种，因为所有参赛车辆都是以量产车为基础研发制造而成。目前 FIA 规定 WRC 每年有 14 站比赛，比赛时间是从每年的 1 月到 11 月。

2. 蒙特卡罗汽车拉力赛

著名的蒙特卡罗汽车拉力赛的比赛时间是每年的 1 月份，赛程 4 ~ 5 天，地点在摩纳哥附近长约 4 000km 的山区。整个赛道冰天雪地，条件十分恶劣，对参赛车辆和车手都是一种严峻的考验。

每年 4 月在肯尼亚举行的东非沙发利（Safari）拉力赛也很著名。约 5 000km 长的路面条件非常差，在 4 ~ 5 天的赛程内能坚持驶完全程就不太容易。

此外，还有摩洛哥拉力赛、奥地利的阿尔卑斯拉力赛、希腊的阿克罗波利斯拉力赛、法国的阿尔卑斯杯拉力赛，美国的奥林巴斯拉力赛、芬兰的千湖拉力赛，等等。因此，拉力赛与其说是一项比赛，不如说它是一项长距离的耐久性试验。

图 6–24 为在冰雪赛道上进行的蒙特卡罗汽车拉力赛。

图 6–24 蒙特卡罗汽车拉力赛赛况

另外，同属越野拉力赛的还有欧洲拉力锦标赛（11 站）、亚洲拉力锦标赛（6 站）、非洲拉力锦标赛（5 站）、中东拉力锦标赛（6 站）等众多大型赛事。

3. 巴黎—达喀尔汽车拉力赛

以非洲沙漠为舞台的巴黎—达喀尔汽车拉力赛作为最严酷和最富有冒险精神的赛车运动，被称为魔鬼般的赛事，为全世界所知晓。

每年 1 月 1 日以法国为赛程起点的这项拉力赛，为世界上 180 个国家和地区的电视、广播、报纸、杂志广泛报道，受到全球 5 亿人以上的热切关注。巴黎—达喀尔的正式法语名称为“Le Dakar”，每年的比赛都会以赞助商或地区名称冠名。巴黎—达喀尔汽车拉力赛官方网站是 http：//www.dakar.com，其徽标如图 6–25 所示。

图 6–25 达喀尔汽车拉力赛的徽标

巴黎—达喀尔汽车拉力赛被誉为世界上最艰险的比赛。所有参赛车辆从法国出发，用 2 ~ 3 个星期穿越非洲大陆，最后到达塞内加尔首都达喀尔（图 6–26），全程约 10 000km。至今赛程的全程跑完率只有 38%，更有“跑完全赛程者均为胜利者”一说，可见赛事的艰辛程度。

以严酷的大自然为对手，发挥人类自身的全部智力、体力和意志进行挑战的“世界上最艰巨的充满冒险精神的汽车赛程”，这就是巴黎达—喀尔汽车拉力赛！

图 6–26 达喀尔汽车拉力赛路线图

巴黎—达喀尔汽车拉力赛的另一个特征是：与世界拉力锦标赛不同，无论专业选手还是业余赛车爱好者都可自由参赛，同场竞技。

正如创始人泽利 · 萨宾（Thierry Sabine）所说，巴黎—达喀尔汽车拉力赛是一个对专业选手充满吸引力的专为业余爱好者举办的拉力赛。并且任何车辆都可参加巴黎—达喀尔拉力赛，无论是轿车、赛车、卡丁车还是卡车，不管是从车行买的现车还是自己装配的世界上独一无二的车，都来者不拒。各式参赛车辆混杂、共同拼杀的参赛情景，只有在巴黎—达喀尔汽车拉力赛才能看到。

图 6-27 为巴黎—达喀尔汽车拉力赛中参赛车辆驰骋的镜头。

图 6-27 巴黎—达喀尔汽车拉力赛赛况

八、中国汽车运动

1. 中国汽车赛事

(1) 中国人自己的 F1——全国汽车场地锦标赛

2003 年 12 月 19 日，中国汽车运动联合会、中央电视台体育中心与上海国际赛车场在珠海签署三方协议，确定三方将从 2004 年起联手打造和经营全国汽车场地锦标赛。

全国汽车场地锦标赛（China Circuit Championship，CCC），也称全锦赛。其徽标是一匹飞奔向前的骏马，在骏马的胸部有 3C 标志（图 6-28）。

图 6-28 全国汽车场地锦标赛的徽标

全锦赛的主题口号是“驰骋中国”（Racing in China），形象物的寓意和主题口号做到了完美结合。

比较巧合的是，CCC 的核心理念经过浓缩、升华，其英文表达竟然也是三个以字母“C”

开头的词，即 Challenge（挑战）、Confidence（信心）、Cooperation（合作）。同时，全锦赛还有众多与三有关的巧合：全锦赛有三大目标、由三强携手、有三个经营模式、打造三种魅力……

全锦赛是按照赶超F1的目标打造的，所以相对于中国现有的赛车运动，显得更加正规和庞大。全锦赛从6月到10月共有六站比赛，分别在上海、珠海和北京三个拥有国际赛车场的城市举行，每个城市连续举办两站。

CCC 能否达到 F1 的运作规模和影响力先不说，但其蓬勃的发展势头对于国内汽车赛事的气氛和国内赛车手的成长是绝对有利的。CCC 已经成为加快中国赛车事业发展的一个重要盛会。

（2）中国车手的盛会——全国汽车拉力锦标赛

在国内越来越多引进国际赛事的情况下，中国汽联为推动国内汽车运动发展，统一制定了比赛规则、规程。1996年，作为一个试点，郑州汽车拉力赛在河南成功举行，这是一次国内选手、汽车及相关产业厂商以及组织者们的大聚会。1997年，第一届全国汽车拉力锦标赛在全国范围内展开，无论在赛事组织、参赛车手、俱乐部数量和运动水平上均有很大提高，这是中国汽车运动走向规范化、系列化的一个良好开端。

1998年，第二届全国汽车拉力锦标赛再次成功举办，使这一系列性赛事逐步走向正轨。1999—2001年，全国汽车拉力锦标赛在全国范围内稳步开展，把拉力运动推向了北京、上海、河北、河南、山东、贵州、云南、广东、湖北、吉林等省市，在国内产生了广泛的影响，并得到赛事赞助商的青睐。

图6-29为全国汽车拉力锦标赛“南江大峡谷杯”在贵州开阳的赛况。

在汽车文化及汽车运动迅速发展的近几年，全国汽车拉力锦标赛得到了社会各界的广泛支持，已经成为国内赛车爱好者的一次盛会。

图6-29 全国汽车拉力锦标赛贵州开阳赛况

2. 中国汽车赛场

（1）珠海国际赛车场

珠海国际赛车场（Zhuhai Internation Circuit，ZIC）位于珠海经济特区金鼎镇，始建于1996年，是中国第一座符合国际汽车联盟一级方程式标准的国际级赛车场。自建成以来，珠海国际赛车场（图 6-30）已多次主办 2010 亚洲 GT 赛等重要国际赛事。

图 6-31 为在珠海国际赛车场举行的 2010 亚洲 GT 赛赛况。

图 6-30 珠海国际赛车场赛道示意图

图 6-31 2010 亚洲 GT 赛赛况

（2）上海国际赛车场

上海国际赛车场（Shanghai International Circuit）位于上海嘉定区。该车场耗资 2.4 亿美元，2002 年 10 月动工，2004 年 6 月竣工，总面积 5.3km^2，可容纳 20 万人。同年 9 月 26 日举办 F1 中国站首个大奖赛。

上海国际赛车场赛道的总长度为 5 451.24m，具有 7 处左转弯道及 7 处右转弯道，平均车速可达 205km/h。最长的直道为 1 175m，位于弯道 T13 和 T14 之间。赛道的宽度为 13 ~ 15m，一般为 14m，在弯道处最大加宽到 20m（弯道 T14、T15）。

上海国际赛车场举办过的赛事有：世界一级方程式锦标赛（F1），世界杯汽车大奖赛（A1），世界摩托车大奖赛（Moto GP），全国房车锦标赛（CTCC），中国方程式公开赛（CFO）等，以及各种表演赛。

图 6-32 和图 6-33 为好莱坞电影特技飞车表演队在上海国际赛车场进行特技表演的精彩镜头。

图 6-32 单侧轮行驶过人

图 6-33 单侧轮行驶倒立

任务二 汽车博物馆

一、欧洲汽车博物馆

1. 奔驰汽车博物馆

奔驰汽车博物馆（图 6–34）坐落于德国斯图加特市郊区，为不规则的三棱圆柱形，共 9 层，面积达到 16 500m^2，陈列展示 175 款汽车，其中包括 95 辆轿车、40 辆商用车以及 40 辆赛车和各类创纪录车。

图 6–35 为奔驰汽车博物馆内景。图 6–36 和图 6–37 为奔驰汽车博物馆内的经典汽车展品。

图 6–34 奔驰汽车博物馆

图 6–35 奔驰汽车博物馆内景

图 6–36 不同时期的奔驰汽车

图 6–37 奔驰“老爷车”

2. 保时捷汽车博物馆

保时捷总部位于德国斯图加特市施维伯丁伽大街（Schwieberdinger Str.），是一座粉红色大楼。保时捷博物馆（Porsche Museum，图 6–38）在大楼后面。馆内的展品和照片向人们述说着欧洲汽车制造界的历史，令人回味无穷。

图 6–39 为保时捷汽车博物馆内景，图 6–40 为保时捷公司早期生产的拖拉机。

图 6–38 保时捷汽车博物馆

图 6–39 保时捷汽车博物馆内景

图 6–40 保时捷公司早期生产的拖拉机

3. 宝马汽车博物馆

在德国南部慕尼黑市奥林匹克公园附近，耸立着一座 22 层的现代银灰色高楼，雄伟壮观，这便是德国宝马公司总部大厦。

宝马总部大厦主体由四个圆柱形塔楼组成，象征发动机的四个汽缸。旁边有一座碗状建筑物，即宝马汽车博物馆（图 6–41），碗状建筑的屋顶是一个圆形平面，屋面上描绘着蓝白相间的 BMW 宝马圆形徽标。

图 6–41 宝马汽车博物馆

宝马汽车博物馆展厅共 3 层，整个陈列展览充分利用环绕式的空间，按照不同年代和时期，展示历年来所产的各类宝马汽车、宝马摩托车和一些特殊用途的车辆样品，并运用现代声、光、电、多媒体等高科技手段及图片、音像资料，提升产品展示的艺术观感，全面演绎了宝马汽车公司的成长与发展史，让人怦然心动。

图 6-42 为宝马汽车公司最著名的星形航空发动机。图 6-43 为梦幻般的宝马摩托车。

图 6-42 宝马公司著名的星形航空发动机

图 6-43 梦幻般的宝马摩托车

4. 大众汽车博物馆

大众汽车集团从 1934 年成立以来，总部一直在德国的沃尔夫斯堡市（Wolfsburg，俗称狼堡）。该市属于下萨克森州，是在 1938 年随着大众汽车厂的兴建而形成的，市民中的 40% 都在大众汽车公司工作，因此可以说狼堡是因大众汽车的存在而存在的。

图 6-44 大众汽车博物馆

大众汽车博物馆（图 6-44）位于大众工厂旁边的主题公园式汽车城里，于 2000 年建成，集中收藏了数量庞大的世界各大汽车公司生产的著名品牌经典汽车。图 6-45、图 6-46，为馆内展出的代表性车型。

图 6-45 大众 1949 年型面包车

图 6-46 大众“甲壳虫”系列

5. 奥迪汽车博物馆

奥迪汽车博物馆（图 6-47）建于 2001 年，占地 7.7 万平方米，耗资 7.7 亿马克，集销售、展示和游览功能为一体，意在使来访者在购车或游历奥迪汽车王国的同时，能感受到奥迪品牌的价值，是奥迪公司品牌形象宣传的重要设施之一。

在独具特色的建筑氛围里，奥迪汽车博物馆带给参观者一次穿越时空的难忘之旅。从摩托车、汽车的品牌发展史到今日的汽车工业巨人，每一幅历史画面都在此一一呈现。

图 6-47 奥迪汽车博物馆

图 6-48 为奥迪汽车公司 1949 年推出的第一批产品——代号为 F89L 的面包车。图 6-49 为奥迪汽车公司 1939 年生产的 Horch Spezial Roadster 855 豪华汽车，它也是奥迪汽车博物馆中最光彩夺目的珍品之一。

图 6-48 F89L 面包车

图 6-49 Horch Spezial Roadster 855 豪华汽车

6. 标致汽车博物馆

1988 年，标致汽车博物馆（图 6-50）落成，它至今共接待了 100 多万参观者。人们可以沿着时间的长廊，欣赏闻名于世的咖啡磨具、胡椒磨具以及所有以质量享有盛名的工具产品。

参观者还能够看到自行车、摩托车，当然还有 1900 年至 1980 年的民用车型以及著名的赛车。例如，在 HDI 发动机使用前，1935 年产的 401Eclipse，在 106 与电动 Part-ner 之前的 403 柴油车，205 与 206 WRC 之前 1941 年的 VLV 等。

图 6-51 为标致汽车博物馆内景。标致博物馆以八个年代舱为主，每个舱中都展示出各个年代

图 6-50 标致汽车博物馆

图 6-51 标致汽车博物馆内景

的车型。例如，在 1891 至 1904 年中，参观者可以领略 1894 年的 viso Vis 车，世界上仅此一辆；还有 1905 年至 1918 年著名的贝贝车，1919 至 1935 年的奥斯汀 7 型，直至今天的 607、标致赛车等。

标致汽车博物馆的创意是将不同的车型置于相应的年代：当游客到达每一个舱体入口，都会有自动启动系统，让游客欣赏这个年代的经典标致车型，等把八个馆全部参观完毕，游客就基本上了解了汽车的发展变迁史，以及各个年代的流行元素。

这个漂亮的时空舱是过去与现在的时间纽带，同时也证明了标致品牌一个多世纪的持久、现代与活力；它同样向人们展示出标致今日的品牌理念，正是源自它所富有的强大生命力与坚实根基。

7. 菲亚特汽车博物馆

图 6–52 菲亚特汽车博物馆内景

菲亚特汽车博物馆（图 6–52）位于离菲亚特汽车公司总部不远的一个小巷子里，由当年菲亚特公司成立时的办公楼改造而成，建筑非常老旧，而有意思的是博物馆的名字就叫“又老又丑”。

博物馆内部是二层结构，一楼摆放的都是菲亚特从 1899 年创立后不同年代有代表性的铁路机车（图 6–53）、车辆、车模、相关产品等，二楼是菲亚特在第一次世界大战和第二次世界大战期间为政府制造的军用飞机（图 6–54）、舰船（图 6–55）、潜艇以及历年的企业宣传画的手稿原件和一些珍贵的历史照片，当然重头的还是还原菲亚特总裁阿涅利当年的办公室展区。

图 6–56 为博物馆内的精品之一——菲亚特“老爷车”。

图 6–53 菲亚特生产的铁路机车

图 6–54 菲亚特生产的战斗机

图 6–55 菲亚特生产的舰船（模型）

图 6–56 菲亚特“老爷车”

二、美国汽车博物馆

1. 福特汽车博物馆

福特汽车博物馆位于美国汽车城底特律，占地 9 英亩[①]。以福特汽车公司的创始人亨利·福特名字命名的福特汽车博物馆，其展品必然会反映出福特汽车公司的发展及美国运输业历史的嬗变。

福特汽车博物馆内有在 1908 年 Vanderbilt Cup 赛上为美国赢得声誉的第一辆美国车——Locomobilesold’16，有 1909 年的 Ford Model T，以及各个时期的“老爷车”（图 6–57），甚至还有世界上最大的蒸汽机火车头（图 6–58）、战斗机（图 6–59）等。同时还展示有各个时期福特生产的不同用途、不同型号和品牌的各种汽车。展品还有美国其他制造业的成果：家用电器、印刷、农业、矿山机械等。漫步在一件件展品前，能够清晰地看到美国工业发展的脉络。

图 6–57 福特“老爷车”

图 6–58 福特生产的世界上最大的蒸汽机火车头

图 6–59 福特生产的战斗机

2. 通用汽车博物馆

美国汽车“三巨头”之一的通用汽车公司是美国汽车工业乃至世界工业文明的象征，其深厚的汽车文化渗透到美国社会、经济、文化的各个层面。通用汽车公司于 2004 年在密歇根州的小城 Sterling Heights 建立了全球最大的汽车博物馆。

通用汽车博物馆（GM Heritage Museum）的展品涵盖在过去百年间公司旗下各个品牌的经典车型，是百年来与汽车相关的科技、人文、艺术的集中展现。

图 6–60 通用汽车博物馆内景

图 6–60 为通用汽车博物馆内景，图 6–61 和图 6–62 为通用汽车博物馆内弥足珍贵的经典展品。

① 1 英亩 =4 046.86 平方米。

图 6-61 1918 年 Cadillac Type57

图 6-62 别克“老爷车”

3. 克莱斯勒汽车博物馆

在80多年的风云变幻中，克莱斯勒汽车公司不断推进技术创新，引领美国汽车文化的发展方向，书写了大工业时代的传奇。

克莱斯勒汽车发明或领先配备的汽车产品主要有：一体成形单片曲线挡风玻璃、全隔离车身橡胶底板、具有超速挡的自动变速器、安全轮圈框、钥匙起动发动机自动点火系统、电动车窗、四轮自动充气系统、动力转向系统、车用晶体管收音机、可变涡轮增压汽油发动机，等等。公司旗下的道奇（Dodge）车厂则是全球第一家摆脱木材骨架，在汽车上使用伞形车身的车厂。

克莱斯勒汽车博物馆（图 6-63）坐落在美国底特律市北郊的克莱斯勒总部园区内。该馆通过丰富的实物和图片介绍了克莱斯勒公司的发展历程、辉煌成就和汽车工业的进步。

克莱斯勒汽车博物馆内除了展示不同时期的经典汽车（图 6-64）之外，作为老牌的军火制造商，展品中还有大名鼎鼎的威利斯军用吉普车（图 6-65），以及克莱斯勒在第二次世界大战时期制造的坦克发动机。

图 6-63 克莱斯勒汽车博物馆

图 6-64 克莱斯勒 1902 年生产的“老爷车”

在第二次世界大战中，克莱斯勒共制造谢尔曼系列坦克 25 000 多辆。图 6-66 所示坦克发动机 30 缸 24. 6L，331kW 是克莱斯勒为美军赫赫有名的谢尔曼坦克制造的。

当年，为节约时间和降低成本，快速满足军队需求，克莱斯勒的工程师直接将 5 个 6 缸汽车发动机的缸体组合在一起，共用一根曲轴进行生产，这样可以使用已有的工装夹具，以加快生产进度。1940 年接到订单后仅用了 9 个月零 5 天即生产出 7 500 台坦克发动机，供给克莱斯勒的坦克工厂。

图 6-65 大名鼎鼎的威利斯军用吉普车

图 6-66 谢尔曼系列坦克发动机

三、亚洲汽车博物馆

1. 丰田汽车博物馆

丰田汽车博物馆（图 6-67）坐落于毗邻东京湾的台场。台场丰田汽车博物馆面积达 24 000 平方米，分为多个主题展厅。

丰田汽车博物馆展示了 19 世纪末以来世界各国各种汽车近 200 辆。图 6-68 为丰田汽车博物馆内景。

图 6-67 丰田汽车博物馆

图 6-68 丰田汽车博物馆内景

丰田公司赖以起家的自动织布机（图 6-69）和丰田公司生产的第一辆高级轿车 AA 型汽车（图 6-70）都是丰田汽车博物馆内的珍品。

图 6-69 丰田自动织布机

图 6-70 丰田公司生产的第一辆高级轿车

2. 上海汽车博物馆

上海汽车博物馆（图 6–71）位于嘉定区安亭镇的上海国际汽车城博览公园内，建筑面积 27 985 平方米。它由德国 IFB 公司设计，建筑形态上采用了大量流动的曲线。从外观上看，它酷似叠加的书本，隐喻着博览馆的知识储量与文化品位。

图 6–71 上海汽车博物馆

博物馆展示空间的功能规划分为历史馆、技术馆、品牌馆、古董车馆四部分，总展示面积约 1 万平方米。走入博物馆宽敞通透的大厅，犹如走入流动的历史，从时速 18km 的德国人卡尔 · 奔驰制造的第一辆三轮汽车，到现在加速到时速 100km 只需 3s 的超级跑车，100 多年来，汽车工业经历的沿革和变化浓缩在这个空间内。

图 6–72 为上海汽车博物馆展出的 1904 年的奥兹摩比尔“老爷车”。

图 6–72 1904 年的奥兹摩比尔“老爷车”

3. 长春汽车博物馆

长春汽车博物馆（图 6–73）坐落在吉林省长春汽车文化园内，占地面积 1 万平方米，分三层展示区。第一层为各类实物车型展示，第二层为各类资料展示，第三层为二手车拍卖中心。

博物馆在现存文物的基础上，持续征集能够反映新中国汽车工业发展历史的实物、图片和各种档案资料，以一汽产品为主，同时吸收国内各大汽车生产企业产品入馆。博物馆展出文物车 31 辆（其中轿车 20 辆），一汽集团各个时期开发的各种新产品共 50 多辆。

长春汽车博物馆是长春汽车文化园的核心项目，它以汽车文化为主线，集中展示一汽、中国乃至世界汽车发展的历程和汽车文化。

图 6–74 为展柜中的红旗车模型。

图 6–73 长春汽车博物馆

图 6–74 红旗车模型

任务三 汽车展览会

一、汽车展览会简介

法国是汽车的发源地，第一次车展也是在法国举办的。1898 年，在法国汽车俱乐部的倡议下，第一次国际车展在巴黎的一个公园举行，大约 14 万名游客前来参观，232 辆汽车往返在巴黎与凡尔赛之间，汽车成为公众瞩目的焦点。自此，汽车展在各地蓬勃发展（图 6–75）。

图 6–75 汽车展览会

目前，德国法兰克福车展、美国北美车展、瑞士日内瓦车展、法国巴黎车展和日本东京车展被誉为当今五大国际车展。它们之所以成为国际一流车展，一是参展商的规模和级别一流；二是展品档次和首次亮相的新车、概念车一流；三是场馆面积和配套设施一流；四是主办方服务质量一流；五是国内外记者范围、观众数量和专业水平一流。

在国内，每两年一届的北京车展较有影响。

二、世界知名车展

1. 北美车展

北美车展的前身是美国底特律国际汽车展览会，创办于1907年，是世界最早的汽车展览之一，1989年更名为“北美国际汽车展”。每年1月5日左右，北美车展率先在美国汽车城底特律拉开大幕。全球所有大汽车公司都会利用这一平台推出自己的概念车。

1954年，欧洲车厂终于远渡重洋而来，车展上首次出现了沃尔沃、奔驰、保时捷的身影，得到了美国民众的高度重视，底特律车展的“王旗”正式竖起。

北美车展“时装”味很浓，几乎成了概念车的天下。各种千奇百怪的设计，能想到的、想不到的，在北美车展上都能见其身影，因此给人以科幻、离奇甚至怪异的感觉，图6-76和图6-77所示为奥迪公司在2014年北美车展上展出的奥迪Q3 2015款车型。

图6-76 奥迪Q3 2015款外形

图6-77 奥迪Q3 2015款内饰

2. 巴黎车展

作为浪漫之都，巴黎的车展如同时装，总能给人争奇斗艳的感觉。该展会起源于1898年的国际汽车沙龙会，直至1976年每年一届，此后每两年一届。在每年的9月底至10月初举行。

1998年10月，巴黎车展恰逢百年，欧洲车迷期待很久的巴黎“百年世纪车展”以“世纪名车大游行”方式，让展车行驶在大街上供人观赏。法国的汽车设计一向以新颖独特著称于世，富于浪漫和充满想象力的法国人总是在追求最别具一格的车型、风一般的速度和最舒适的车内享受，这些法国人的嗜好都在巴黎车展中显露无遗，使得巴黎车展始终围绕着“新”字做文章。与此同时，巴黎车展也是概念车云集的海洋，各款新奇古怪的概念车常常使观众眼前一亮。

去巴黎车展你会发现，所有散发的车展资料以价格表居多，展会上还会举行二手车拍卖，难怪有人说巴黎车展是五大车展中商业性最强的。

此外，巴黎车展还特别照顾一些不知名的超小型车，这在其他车展上是见不到的。图6-78所示为2010年巴黎车展上展出的雪铁龙概念车型-Survolt。

图6-78 巴黎车展上的雪铁龙概念车型——Survolt

3. 日内瓦车展

日内瓦车展始于 1924 年。从 1931 年起，一年一度在瑞士日内瓦举办。 每年的阳春三月，瑞士的日内瓦车展总会掀起一年中全球车展的首个高潮。

日内瓦车展上的展车不仅是各汽车厂家最新、最前沿的作品，而且参展的车型也极为奢华。

各大汽车公司总是选择日内瓦车展作为自己最新旗舰车型的首发地，日内瓦车展因此博得了“国际汽车潮流风向标”的美誉。图 6–79 和图 6–80 所示为 2010 年日内瓦车展上展出的概念车和跑车。

图 6–79 日内瓦车展上的概念车

图 6–80 日内瓦车展上的跑车

4. 法兰克福车展

德国是世界最早举办国际车展的地方。法兰克福车展前身为柏林车展，创办于 1897 年。1951 年车展移到法兰克福举办，每年 9 月，轿车和商用车在法兰克福轮流展出。

法兰克福车展是世界上规模最大的车展，有“汽车奥运会”之称。

展会期间，所有能运用的高科技手段都派上了用场；大型互动媒体演示、模拟驾驶等亲身体验活动，让参与者欲罢不能。展出的产品除了轿车、赛车、商用车外，还有特种车、改装车、运输车、汽车零部件、汽车维护用品以及百货等。由于德国是现代汽车的重要发源地，而且是世界上汽车工业最发达的国家之一，因此这一车展很有权威性。

此外，法兰克福车展的地域色彩很强，也许因为是名车的发源地，来看车展的观众不但汽车知识丰富、全面，而且消费心理也非常成熟。对他们来说，看车展就是逛街，理性实用的成分居多。

图 6–81 和图 6–82 所示是在 2015 年法兰克福车展前的“大众之夜”，大众集团带来的布加迪 Vision Gran Turismo 概念车 。

图 6–81 布加迪概念车（侧面）

图 6–82 布加迪概念车（后面）

5. 东京车展

东京车展创办于 1954 年，是五大车展中历史最短的。

东京车展是亚洲最大的国际车展，被誉为“亚洲汽车风向标”　。

车京车展选择在深秋的 10 月举行，轿车展放在单数年，商务车展放在双数年。

东京车展的突出特点是车型种类繁多，这恰恰体现了日本人的细腻。

由于市场竞争的激烈，精明的日本车商早已把市场细分成了无数个小块，甚至根据性别、年龄层次和特殊需求在同一平台上设计不同的车型。

PM（Personal Mobility）意思是“个人主义者”，这辆只能乘坐一人的概念车将个性化汽车带向了一个新的高度。

①驾驶者坐在一个如豆荚般的驾驶舱里，用两个如摩托车一样的把手来控制汽车，方向、刹车、加速均用线控技术，而动力来自后置的无刷电动机。

②可视通信系统能让此车与另一辆 PM 车保持联系，共享信息，因此可以达到“聊天”的目的。

③ PM 还是一台“拉帮结伙”的好工具，它可以集体行动——一辆车带头，另外的车能在安全的距离内紧随其后，唯一要做的是前车要在导航系统里设置好目的地。

④ PM 也有自己与众不同的声形语言、车身嵌板、车灯以及颜色。

座舱的角度以及轴距的长度可以依据驾驶情形不同进行调整，车舱竖起的时候方便进出，下降的时候方便城市驾驶，轴距完全伸开可以适应高速驾驶。

⑤其机动性特点使后轮可以反方向转动，以增强车辆原地转向能力。前轮的特点是独立转向并采用中空设计。

图 6-83 和图 6-84 所示为本田 NSX 概念车在东京车展亮相。NSX 在北美挂的是讴歌的牌子，在日本本土还是用本田的标志。

图 6-83 本田 NSX 概念车外观

图 6-84 本田 NSX 概念车内饰

6. 北京车展

创始于 1990 年的北京国际汽车展览会（Auto China），至今已连续成功举办了 10 届。经过近

20年的发展，北京国际汽车展览会的品质、规模、档次逐渐提高，展会的硬件设施和各项服务日臻完善，已经成为在全球有相当影响的品牌展览会。众多国际知名汽车公司将北京车展列为全球A级车展，国内汽车企业也在北京车展上展示自主知识品牌的最新成果。北京国际汽车展览会一贯坚持展品精、品牌全、国际化的办展理念和特色，努力打造为中外汽车业界展示形象、进行技术创新和技术交流的平台。

国际五大车展，除日内瓦本土没有汽车工业之外，其他四大车展都是以强大的本土汽车工业为支撑的。

北美车展是美国三大公司独领风骚，东京则是以丰田、本田、日产为首的日本企业唱主角，法兰克福就是德国公司的天下，巴黎则是雷诺和PSA的节日。本土企业的展台不仅面积巨大，而且展出车型最多，当然也是人气最旺。

对照北京车展，我们的三大公司虽然也是组团参展，但除一汽集团的红旗旗舰抢眼外，其他基本都是跨国公司车型的拼盘，看过跨国公司展台，再看我们的三大公司展台，就感到索然无味，大有重复之感。本土企业开发的车型只有奇瑞、长安、吉利等为数不多的几款。

图6-85和图6-86所示为2014年北京车展现场和车展上的阿斯顿·马丁DB9。

图6-85 2014年北京车展现场

图6-86 北京车展上的阿斯顿·马丁DB9

三、展览会上的概念车

古语有云：内行看门道，外行看热闹。汽车博览会上风情万种的美女车模、价格不菲的豪华名车固然吸引观众的眼球，但在专业人士看来，概念车才是汽车博览会上的精华。

1. 什么是概念车

设计新颖、造型别致的概念车（Concept Car，图6-87）是汽车设计领域中概念设计的产物，也是汽车博览会上的精华和焦点所在。由于企业之间激烈的竞争以及产品频繁地更新换代，企业必须对下一代产品甚至更长远的产品进行提前研究与开发，概念设计和概念车便应运而生。

概念设计是对下一代车型或未来车型进行概括描述，确定汽车的基本参数、基本结构和基本性能的初步设计。概念设计针对现有车型的生产、使用、销售等情况，对比竞争企业的同类产品，拟定更适用、更先进的车型方案。概念设计同样需要研究产品的开发目的、技术水平、企业条件、目标成本、竞争能力等。概念设计可能只停留在图画上或文件描述上，称为“虚拟”的概念车；也可能制造出实体的样车供试验研究。概念车可能只是一种参考方案或技术储备，也可能成为正式产品开发计划的组成部分，成为下一代车型的初步设计。

概念设计虽然是对现实设计的改革，但一些超前程度较大的概念设计往往可以不受当前社会条件的局限，使设计师有较大的创作自由，以便释放其设计灵感，充分发挥其个性和能力。这种设计就有可能大胆地突破传统的格局和条条框框，开发出令人耳目一新的车型。

图 6-87 零消耗、零污染的叶子概念车

2. 概念车的设计目的

（1）提高企业和产品的形象、声誉

概念车是展示新理念和新风格的作品，大部分由汽车公司自己出资制作，从投资上来说属于纯花费性项目。开发概念车一方面作为刺激创新和提高设计水平的手段，更重要的是展示自己的开发实力，建立声誉，从而吸引客户。多年以来，许多汽车制造商都谙熟这样一个事实：通过概念车的展示，能大量地表述、充分地传达他们的事业以及公司的发展前景。

好的概念车能够告诉公众企业所关注的趋势、风格以及企业的内部状态等。通过概念车，能把这些想要表达的东西，清晰、集中、鲜明地表达出来。企业通过对概念车的设计，向公众证明它的实力，让公众对企业及其产品产生一种不可动摇的信念，树立企业的信誉，使其旗下的产品拥有持久不变的品牌效应。当公司决定改变品牌方向的时候，也会通过制作一系列的概念车来告诉公众和媒体品牌的精髓。开发概念车是努力树立企业形象和品牌效应的有效手段。

（2）增强产品的竞争力

传统的汽车已经让公众习以为常，难以对人们产生视觉冲击力，公众更希望有一种全新的、超越大家想象的产品出现在他们的面前。如果汽车制造商仍无动于衷地继续生产已有的车型，那么将会失去很大一部分客户，甚至可能要面临停产的困境。

著名的汽车生产商克莱斯勒公司曾濒临倒闭，原因之一就是在车型创新方面的失败，不重视概念车的开发。概念车能吸引公众目光，引起公众对产品的关注，换句话说，企业只有不断地推出新的概念车，公众才会将注意力始终聚集在它的身上，这样才会不断地增强其产品的竞争力，在商战中立于不败之地。

（3）推动高科技在生活和生产中的应用

概念车是梦想中的汽车，是一种人们热切盼望能看到预示未来的汽车。因此，在概念车设计和制造的时候，必然要采用一些全新的、高精尖的技术。人们在关注概念车的同时，必然也渴望看到这些技术的存在，这就有利于高技术迅速融入和应用到人们的生活和生产中。

（4）创造舒适美好的环境

任何设计都是要以人为本，以让人们生活得更美好为宗旨的。概念车既然是对未来的设计，也要重视如何创造未来美好的环境。在概念车开发过程中，设计师们都尽可能使汽车对环境的污染达到最低程度。此外，在概念车设计过程中，有较多的精力和经费都被应用在车厢内的设计上，比如安装自动操控系统、导航系统、影音设备、空调设备等，都是为了让人在使用概念车的时候，得到一种舒适的感受。

（5）促进节能环保和综合利用

概念车既然是未来的汽车，就必定会在节能环保、可持续发展等人类十分关注的方面着力研究探讨。因此，概念车的研制对促进节能环保和综合利用等技术具有重要作用。

（6）促进各学科的协作和技术的革新

概念车的设计是一项复杂的工作，需要综合许多学科的实力，运用新的科技成果和新的设计思想。在进行概念车设计的时候，就需要把各方面的专家集合起来，一起来探讨未来社会和科技的发展方向，这就大大促进了各个学科技术的交流与协作。

在进行创作的时候，可能会出现这样的一些情况：一些构想在某种学科中可行，在另一种学科中却是不合理的；或者在一种学科中属优秀方案，在另一种学科中却实现不了。这就必然会刺激大家寻求最佳的解决办法，从而导致某种技术的革新或边缘技术的产生。

3. 经典概念车赏析

（1）精致、造型复古而前卫——标致 4002 概念车

标致 4002 概念车（图 6–88）是德国汽车设计天才 Stephen Schulze 的作品，在 2002 年标致

概念车设计大赛上，该车不仅赢得了比赛冠军，同时还被评为 10 年来最具创造性的概念车。

Stephen Schulze 以 1936 年的标致 402 为原型，赋予复古兼前卫的理念，创造出了一头双眼坚毅地注视着未来的雄狮——改进型单排双座运动跑车。

最重要的设计元素莫过于那让人过目难忘的、从前部开始沿车顶贯穿至车尾的铬合金散热格栅，它包含了标致 402 车型中经典的双头灯，车灯呈向上的走向，与轮胎的角度巧妙地搭配，更加突出了整车独特的外形曲线。

在挡风玻璃的中央有一条装饰带，似乎是将玻璃分成了两块。车轮的设计继承了上一代标致 402 的风格，采用了突起的轮毂罩，与轮胎上的白圈一起增添了复古的味道。

此外，挡泥板和车顶均采用深色调，而车门则采用亮色调，这种深浅两色的搭配与对比同样是出于复古的考虑。柔和的外观、精致的轮廓与一体化的完美衔接，标致 4002 概念车已臻化境（图 6-89）！

图 6-88 标致 4002 概念车

图 6-89 已臻化境的标致 4002 概念车

（2）造型圆润可爱的日产 Pivo 2 概念车

日产公司推出的 Pivo 2 概念车有着如同蜗牛般的圆润可爱的造型（图 6-90），更为奇特的是 Pivo 2 的驾驶舱能够进行 360° 旋转。另外，配上可环视四周的 Around View Moni-tor（环视监视器）和贯穿行车死角的 See Through Pillar（透视 A 柱显示器），绝对可以确保视野开阔、洞察一切（图 6-91），能在拥挤的大都市里畅行无阻。

图 6-90 造型圆润可爱的日产 Pivo 2 概念车

图 6-91 视野开阔的日产 Pivo 2 概念车

Pivo 2 概念车前、后各配备一台可通过两个轴输出的超级电机，可单独控制四个车轮的驱动力。

(3) 真正的个性化——丰田 i-swing 概念车

日本丰田汽车公司的概念车设计一直走在世界前列，尤其在小型化、个性化、智能化方面引领着世界潮流。

从 2003 年发布的 PM（图 6–92）到 2005 年在日本世界博览会上丰田展出的单座未来概念车 i–unit（图 6–93）都崇尚最小能源消耗的个性化移动方式，无限扩大个人的可能性。

图 6–92 丰田 2003 年发布的单座概念车 PM

图 6–93 丰田 2005 年发布的单座概念车 i–unit

在 2005 年 10 月广州车展上首次在中国亮相的全新个性化移动概念车 i–swing（图 6–94）则是 i–unit 的后续之作。i–wing 应用了机器人的高科技，是以“人和汽车的崭新关系”为主题开发设计的。

i–swing 的车体由具有缓冲性、低回弹性的橡胶材料构成，外表蒙面采用质地柔软的布料材质，有如穿衣般舒适。i–swing 操作简单，通过两根操纵杆、踏板、人体重心转移进行操作。驾驶员的头部位于车轴的中央，“站立”时自动起动陀螺传感器控制系统，原地转身如同人环顾四周一样自然顺畅，甚至可以像跳舞一样随心所欲。

i–swing 具有两种行驶模式，当行驶在行人如潮的街道时，可以采用节省空间的两轮模式，更加方便实现移动中与步行的人对话；需要快速行驶时，使用按钮转换成充分享受驾驶乐趣的三轮模式，配合操纵杆、踏板和移动身体重心（身体前倾即可加速，身体后仰即可减速，身体侧倾即可控制转向）来控制行驶趋势。

此外，i–swing 还应用了大量个性化设计，可以根据心情调整前后 LED 发光面板上显示的影像，如同随意更换喜欢的服饰；运用 Communication Concept（通信交流概念），在日常使用中自动记忆积累用户信息（驾驶习惯、喜好），并加以智能设定，和主人进行交流互动，是真正意义上的“个性化”汽车。

图 6–94 丰田 i–swing 概念车

课题小结

国际汽车联合会，英文缩写为FIA，简称国际汽联，于1904年6月20日成立，由法国、英国、德国和比利时等几个欧洲国家发起，现在总部在瑞士。

F1汽车赛是汽车场地赛项目中最高级别的比赛，也是世界上最引人注目的项目之一。全世界的车手几乎都以拼杀F1赛场为终极目标。

思考与练习

一、填空题

1.1894年，在__________举行了首次汽车比赛，共有___________辆汽车参加比赛。参赛的有__________、____________、____________和__________。比赛结果，只有_________辆汽车到达终点，____________获得第一名，时速为___________。

2. 国际上正规汽车比赛主要分_____________、_____________以及_____________几种。

3.F1汽车赛的全称是_____________，英文为FIA Formula I World Championship，习惯上称为F1汽车赛。

4. 全国汽车场地锦标赛简称___________，也称为___________。其徽标是一匹飞奔向前的骏马。

5. 奔驰汽车博物馆坐落于德国___________，为不规则的__________，共分为___________层，面积达到___________，陈列展示175款汽车。

二、判断题（对的画“√”，错的画“x”）

1. 一级方程式赛车的车队由三部分组成：赛车、赛车手和维修人员，一级方程式赛车可以在高速公路正常行驶。（ ）

2. 方程式汽车赛项目只有F1。（ ）

3. 美国著名的汽车城底特律是通用、福特和克莱斯勒三大汽车公司总部所在地，而意大利最大的汽车集团非亚特公司总部所在地都灵，也是世界著名的汽车城。（ ）

4. 黄旗表示前方赛道表面滑溜，路上可能有油，车手必须小心通过。（ ）

5. 一般来说，如果驾驶员技术好，手动变速的汽车在加速、超车时比自动变速车快，也省油。（ ）

三、简答题

1. 管辖汽车运动的国际组织的名称叫什么？英文缩写是什么？其主要职责是什么？

2. 请说出德国、意大利、法国、英国具有代表性的汽车公司的名称。

3. 汽车运动有何魅力？

4. 汽车时尚还可以有哪些内容？

课题七

汽车的未来

[课前摘要]

学习课题	汽车的未来	班级		日期	
学习目标	完成本课题学习后，你应能： 1. 知道汽车代用燃料的种类； 2. 叙述汽车的未来发展趋势； 3. 知道实现汽车轻量化的途径； 4. 叙述汽车电子化、智能化新技术。				
参考资料	教学资源　图书　网络资源				
课题任务	学前预习				
	1. 新燃料汽车	1. 汽车的替代燃料都有哪些？它们都有何优缺点？			
	2. 汽车轻量化	1. 为什么要进行汽车轻量化？ 2. 新材料、新工艺的运用可以有效地促进汽车轻量化。			
	3. 汽车电动化	1. 电动汽车有何好处、有何缺点？ 2. 当下比较热门的电动汽车有哪些？它们都是由哪家公司生产的？			
	4. 智能化汽车	1. 汽车的智能化体现在哪些方面？ 2. 现代的智能化汽车取得了哪些成就？			
备注					

任务一 新燃料汽车

为减少汽车对石油的过度依赖，世界各国汽车公司纷纷开发清洁汽车代用燃料，21 世纪的汽车能源系统将是以再生能源为主体的新能源系统。

现阶段开发和具有应用价值的代用燃料有液化石油气、天然气、生物柴油、醇类(甲醇和乙醇)、二甲醚、氢气、空气等。

一、液化石油气

以液化石油气（LPG）为燃料的液化石油气汽车（图 7–1）早已问世，目前全世界已有超过 54 个国家使用 LPG 汽车，总数接近 1 500 万辆。液化石油气是石油开采和炼制过程中的伴随产物，受石油危机的影响不可能成为汽油、柴油的稳定代替燃料。

图 7–1 液化石油气汽车——现代伊兰特

二、天然气

汽车用天然气的主要成分是甲烷，其余为乙烷、丙烷、丁烷及少量其他物质。天然气汽车（图 7–2）使用的天然气种类有压缩天然气（CNG）和液化天然气（INC）两种。两者相比较，在汽车上更具有推广价值的是压缩天然气。

天然气汽车始于 20 世纪 30 年代，首先在意大利实用化。我国在汽车上应用压缩天然气始于 20 世纪 80 年代。1988 年在原石油部和四川省政府的支持下，四川省石油管理局从国外引进了第一套压缩天然气充气装置和汽车改装技术及设备，在南充建立了全国第一座天然气汽车充气试验站。

图 7–2 压缩天然气汽车

三、生物柴油

生物柴油（Biodiesel）是清洁的可再生能源，它是以大豆和油菜籽等油料作物、油棕和黄连木等油料林木果实、工程微藻等油料水生植物，以及动物油脂、废餐饮油等为原料制成的液体燃料，是优质的石油柴油代用品。美国是世界上最早研究生物柴油的国家，目前生物柴油总生产能力为 130 万 t，能够加注生物柴油的加油站（图 7-3）遍布美国所有州。欧洲是目前全球生物柴油的主要生产地。

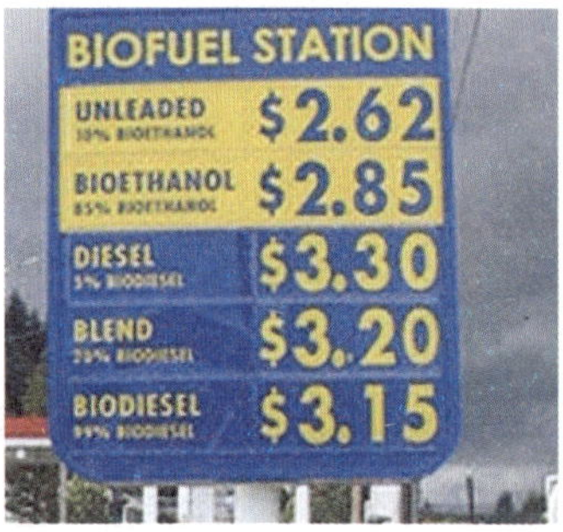

图 7-3 生物柴油加油站

四、醇类

醇类燃料是指甲醇和乙醇，都属于含氧燃料。与汽油相比，醇类燃料具有较高的输出效率，能耗折合油耗量较低，由于燃烧充分，有害气体排放较少，属于清洁能源。

甲醇俗称“木醇”或“木精”。用甲醇代替石油燃料在国外已经应用多年，20 世纪 80 年代，我国开始了甲醇燃料的开发。目前，包括我国在内世界上已有 70 多个国家不同程度地使用甲醇汽车（图 7-4、图 7-5）。

图 7-4 甲醇公交车

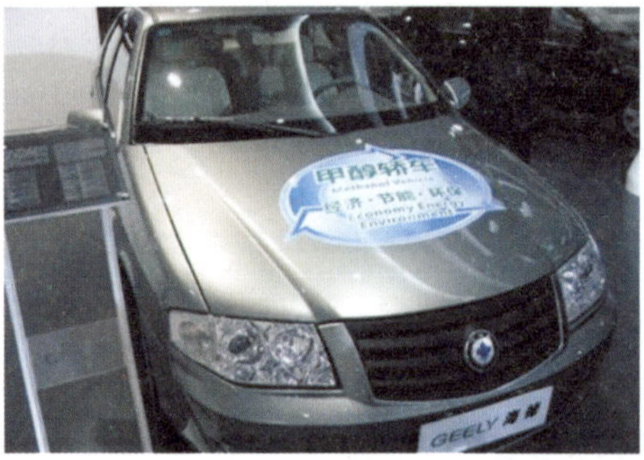

图 7-5 甲醇轿车

燃料乙醇是由有机物（粮食、植物纤维）制成的液态燃料。乙醇汽油（图 7-6）是燃料乙醇和普通汽油按一定比例混配而成的新型替代能源。巴西和美国是目前世界上两个乙醇汽油消耗大国。20 世纪 20 年代巴西开始了乙醇汽车的使用，20 世纪 30 年代美国在内布拉斯加州首次上市了乙醇汽油。从 20 世纪 90 年代末开始，乙醇汽油汽车（图 7-7）成为各国新能源规划项目之一，逐步步入人们视野。

图 7-6 乙醇汽油加油站

图 7-7 乙醇汽油汽车——莲花 Exige265E

五、二甲醚

图 7-8 二甲醚城市公交车

二甲醚又称甲醚，简称 DME，能从煤、煤气层、天然气、生物质等多种资源中提取。以二甲醚为燃料的二甲醚汽车（图 7-8）的进一步发展将有效地解决原油危机和能源安全问题。

六、氢气

图 7-9 氢程

氢气汽车指用氢气直接作为燃料的汽车，它是传统汽车最理想的替代方案。氢气的来源主要是电解水、碳氢化合物的裂解和工业废氢。

1807 年，Isaac de Rivas 制造了首辆氢内燃车；1990 年，日本武藏工业大学展出了使用液氢储罐的燃氢轿车；1996 年，宝马汽车公司推出了新式氢能源汽车，被称为“汽车发展史上的一个里程碑”；2008 年，中国长安汽车在北京车展上展出了自主研发的中国首款内燃氢动力概念跑车“氢程”（图 7-9）。

七、空气

目前，科学家们正在研究一种以空气为动力源的汽车（图 7-10、图 7-11）。空气动力汽车的发动机采用空气压缩技术，把压缩空气储存在空气罐里。压缩空气可来源于充气站，亦可通过电能等其他方式自行在车上储备，然后缓慢释放并推动汽车前进。

图 7-10 MDI 公司的 AIRPod 空气动力汽车

图 7-11 印度的压缩空气动力汽车

任务二 汽车轻量化

汽车的轻量化就是在保证汽车的强度和安全性能的前提下，尽可能地降低汽车的整备质量，从而提高汽车的动力性，减少燃料消耗，降低排气污染。实验证明，若汽车重量降低 10%，燃油效率可提高 6% ~ 8%；汽车重量每减少 100kg，百公里油耗可降低 0.3 ~ 0.6L；汽车重量降低 1%，油耗可降低 0.7%。当前，由于环保和节能的需要，汽车的轻量化已经成为世界汽车发展的潮流。

对人类来说，瘦得过头是会生病的，但对车辆来说，车身的重量却是越轻越好；过去轻量化是赛车和高性能跑车的专利，现在轻量化的热潮则蔓延到所有车型上。过去轻量化是高性能车款的专利，主要原因在于轻量化材料的造价高昂，使用这些材料会让一般市售车的价格变得过于昂贵，不利于销售。但随着制造工艺日益进步，这些高性能材料的价格变得较过去低廉，让车厂能把过去专属于高性能车款的材料运用在一般车辆上。

一、汽车轻量化材料创新的瓶颈

我们知道，汽车的各个零部件的原材料都有与其相对应的应用领域。对于汽车轻量化的新型材料来说，首先要考虑其大规模生产的可能性，其次要看它的成本是否低廉，另外还要综合考虑它的应用价值（图 7-12）。

现在制造汽车的主流材料之一是铸铁，它的延展性和塑形性非常好，适合制作汽车的各种零部件，也适合同其他金属一起合成一些有特定属性的合金。另外一种常用的材料是铝，由于它很适合注入模型来塑形，所以它一般用来制造变速箱、发动机等零部件。塑料也是很容易塑形的材料，而且它很轻，所以很适合在温度低且压强不大的时候制作汽车零部件，例如保险杠。

每种材料都有它的用武之地，我们在选择材料时首先会看它的灵活应用性，同时也要考虑能否以很低的成本进行大规模生产。

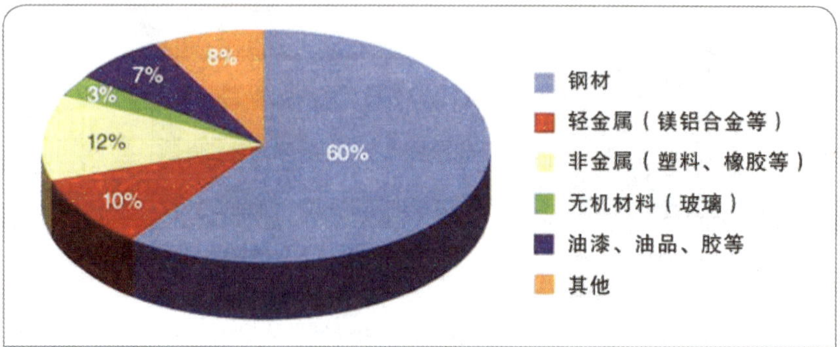

图 7-12 汽车轻量化材料的应用

二、现代汽车轻量化的实施途径

通过使用新型合金材料、改进产品设计及改善生产流程来减轻产品重量。拿铸铁制造的零部件来说，通过制造更薄的铁板来减重，同时提升它的坚实度。此外，在实心铸铁上还可以设计很多洞，在不影响其抗压能力的前提下，实心变空心，减重不减质。

另一个零部件创新设计的例子是，通过高精尖的设计，将原本 15 个焊接在一起的零部件集合成 1 个零件，减重 50%。总之，通过新的材料、新的设计、新的生产流程来实现汽车轻量化（图 7–13）。

图 7–13 轻量化汽车

三、新材料

车用材料主要通过汽车的轻量化来对燃料经济性改善做出贡献。理论分析和试验结果都表明，轻量化是改善汽车燃料经济性的有效途径。为了适应汽车轻量化的要求，一些新材料应运而生并扩大了应用范围。

1. 有色合金

以乘用车来说，1973 年每辆车所使用的有色合金占全部用材的重量比为 5.0%，1980 年增至 5.6%，而 1997 年则达到了 9.6%。有色合金在汽车上应用量的快速增长是汽车材料发展的大趋势。

（1）铝合金

铝的密度约为钢的 1/3，是应用最广泛的轻量化材料。以美国生产的汽车产品为例，1976 年每车用铝合金仅 39kg，1982 年达到 62kg，而 1998 年则达到了 100kg。

① 铸造铝合金

许多种元素都可以作为铸造铝合金的合金元素，但只有 Si、Cu、Mg、Mn、Zn、Li 在大量生产中具有重要意义。当然，在汽车上广泛应用的并不是上述简单的二元合金，而是多种元素同时添加，以获得更好的综合性能。

汽车工业是铝铸件的主要市场，例如日本，铝铸件的 76%、铝压铸件的 77% 为汽车铸件。

铝合金铸件主要应用于发动机气缸体、气缸盖、活塞、进气歧管，摇臂，发动机悬置支架，空压机连杆，传动器壳体，离合器壳体，车轮，制动器零件，把手及罩盖壳体类零件等。

铝铸件不可避免地存在缺陷，压铸件还不能热处理，因此在用铝合金来生产要求较高强度的铸件时受到限制。为此在铸件生产工艺上做了改进，铸造锻造法和半固态成型法将是未来较多用的工艺。

② 变形铝合金

变形铝合金指铝合金板带材、挤压型材和锻造材，主要用于车身面板、车身骨架、发动机散热器、空调冷凝器、蒸发器、车轮、装饰件和悬架系统零件等。

由于轻量化效果明显，铝合金在车身上的应用正在扩大。如 1990 年 9 月开始销售的日本本田 NSX 车采用了全铝承载式车身，比用冷轧钢板制造的同样车身轻 200kg，引起全世界的瞩目。NSX 全车用铝材达到 31.3%，如在全铝车身上，外板使用 6000 系列合金，内板使用 5052-0 合金，骨架大部使用 5182-0 合金；由于侧门框对强度和刚度要求很高，使用以 6N01 合金为基础、适当调整了 Mg 和 Si 含量的合金。在欧美也有用 2036 和 2008 合金做车身内外板的。

铝散热器发源于欧洲而后遍及全世界。在欧洲，20 世纪 80 年代后期铝散热器已占领市场的 90%。随着车用空调、油冷却器等的大量使用，铝热交换器的市场迅速扩大。从材料的角度看，铝在热交换器上的广泛应用在很大程度上归功于包覆料覆层铝板和铝带的成功开发。

③ 铝基复合材料

铝基复合材料密度低、比强度和比模量高、抗热疲劳性能好，但在汽车上的应用受到价格及生产质量控制等方面的制约，还没有形成很大的规模。目前，铝基复合材料在连杆、活塞、气缸体内孔、制动盘、制动钳和传动轴管等零件上的试验或使用显示出了卓越的性能，如本田公司开发成功的由不锈钢丝增强的铝基复合材料连杆比钢制连杆降重 30%，对 1.2L 的汽油发动机可提高燃料经济性 5%；采用激冷铝合金粉末与 SiC 粉末（质量分数 2%）混合并挤压成棒材，用此棒材锻造成型的活塞因强度高可降重 20%，发动机功率可大幅度提高；用铝基复合材料强化活塞头部而取消第一道环槽的奥氏体铸铁镶块可降重 20%；铝基复合材料制动盘比铸铁制动盘降重 50%。

（2）镁合金

镁的密度约为铝的 2/3，在实际应用的金属中是最轻的。镁合金的吸震能力强、切削性能好、金属模铸造性能好，很适合制造汽车零件。

镁合金大部分以压铸件的形式在汽车上应用，镁压铸件的生产效率比铝高 30% ~ 50%。新开发的无孔压铸法可生产出没有气孔且可热处理的镁压铸件。

镁制件在汽车上使用最早的实例是车轮轮辋。在汽车上试用或应用镁合金的实例还有离合器壳体、离合器踏板、制动踏板固定支架、仪表板骨架、座椅、转向柱部件、转向盘轮芯、变速箱壳体、发动机悬置、气缸盖和气缸盖罩盖等。与传统的锌制转向柱上支架相比，镁制件降重 65%；与传统的钢制转向盘轮芯相比，镁制件降重 45%；与全铝气缸盖相比，镁制件降重 30%；与传统的钢制冲压焊接结构的制动踏板固定支架相比，整体的镁制件降重 40%，同时其刚性也得以改善。

对镁基复合材料的研究也有进展。以 SiC 颗粒为增强体，采用液态搅拌技术得到的镁基复合材料具有很好的性能且生产成本较低。在 AZ91 合金中加入 25% 的 SiC 颗粒增强的复合材料比基体合金拉伸强度提高 23%，屈服强度提高 47%，弹性模量提高 72%。如图 7-14 所示。

图 7-14 镁合金轮毂

（3）钛合金

钛的密度为 4.5g/cm^3，具有比强度高、高温强度高和耐腐蚀等优点。由于钛的价格昂贵，至今只见在赛车和个别豪华车上少量应用（图 7-15）。尽管如此，对钛合金在汽车上应用的试验研究工作却不少。例如用 α+β 系钛合金制造的发动机连杆，强度相当于 45$^{\#}$ 钢调质的水平，而重量可以降低 30%；β 系钛合金（Ti-13V-11Cr-3Al 等）经强冷加工和时效处理，强度可达 2 000MPa，可用来制造悬架弹簧、气门弹簧和气门等，与拉伸强度为 2 100MPa 的高强度钢相比，钛弹簧可降重 20%。

图 7-15 镁合金轮毂

四、新工艺

钢铁材料在与有色合金和高分子材料的竞争中继续发挥其价格便宜、工艺成熟的优势，通过高强度化和有效的强化措施可充分发挥其强度潜力，迄今为止仍然是在汽车生产上使用最多的材料。

1. 高强度钢板

轿车自重的25%在车身，车身材料的轻量化举足轻重。20世纪90年代，世界范围内的35家主要钢铁企业合作完成了“超轻钢质汽车车身”（ULSAB–Ultra Light Steel Auto Body）课题研究。该课题的研究成果表明，车身钢板的90%使用现已大量生产的高强度钢板（包括高强度、超高强度和夹层减重钢板），可以在不增加成本的前提下实现车身降重25%（以4门轿车为参照），且静态扭转刚度提高80%，静态弯曲刚度提高52%，第一车身结构模量提高58%，满足全部碰撞法规要求。当然，这还是一个研究的成果，高强度钢板在车身上的实际应用还未达到如此高的水平。钢铁企业在普通的IF钢板的基础上相继开发了高强度IF钢板和烘烤硬化IF钢板，在保持高成型性的同时提高了强度和抗凹陷性，为车身钢板的减薄和实现轻量化创造了条件。

加入Ti、Nb和V等元素的析出强化钢板拉伸强度在500 ~ 750MPa，可用于车轮和其他底盘零件。

近年来开发的多相钢有相当大的应用潜力。其中铁素体–贝氏体钢强度级别为500MPa，双相（DP）钢和相变诱发塑性（TRIP）钢强度级别为600 ~ 800MPa，复相（CP）钢强度级别在1 000MPa或更高。这些钢的成型性能也很好。

2. 结构钢

钢铁材料的用量虽逐年减少，但高强度钢的用量却有相当大的增加。高强度结构钢使零件设计得更紧凑和小型化，有助于汽车的轻量化。

（1）弹簧

悬架弹簧轻量化的最有效方法是提高弹簧的设计许用应力。但是为了实现这种高应力下的轻量化，材料的高强度化是不可少的。在传统的Si–Mn弹簧钢的基础上通过降低C并添加Ni、Cr、Mo和V等合金元素，开发出强度和韧性都很高的钢种，设计许用应力可达1 270MPa，这种弹簧钢的应用可实现40%的轻量化。在传统的Cr–V系弹簧钢中添加Nb可提高钢的抗延迟断裂性能，结合改进的奥氏体轧制成型，可使钢的拉伸强度达到1 800MPa的水平。

气门弹簧用的Si–Cr钢中添加V，通过晶粒细化确保韧性，增加C提高强度。这样改进后，弹簧的高周疲劳强度约提高8%，可实现15%的轻量化。通过有限元分析，螺旋弹簧内、外侧应力均匀分布的柠檬形断面弹簧钢丝得以开发，使弹簧实现7%的轻量化。

提高弹簧疲劳强度的有效途径是对弹簧进行喷丸和氮化处理。弹簧的喷丸，除了传统的应力喷丸之外又发展了双级喷丸。喷丸和氮化也可以复合使用。

（2）齿轮

汽车发动机有高功率化的趋势，而传动器有紧凑小型化的倾向。这势必加大传动齿轮的负荷，从而对齿轮钢的弯曲疲劳强度和接触疲劳强度的要求也相应提高。

提高钢中Ni、Cr、Mo等合金元素的含量可以提高齿轮钢的淬透性和强度，但单纯靠合金元素来强化齿轮钢会使钢的切削性能变坏、热处理工艺复杂，原材料成本和生产成本都会大幅度提高。齿轮渗碳时，为了防止或减少异常层的出现，降低钢中的 Si 和 P 含量，Mo 量增加到 0.35% ~ 0.45%，并采用经改良的碳氮共渗工艺。改进的钢种可使齿轮实物的冲击寿命提高 3 ~ 5 倍，若在上述降低表面异常层钢种加上强力喷丸，可使齿轮疲劳极限提高 20% ~ 30%。

齿轮钢中的非金属夹杂物是疲劳裂纹的起点，会降低强力喷丸的强化效果，为此开发了高纯净度齿轮钢。例如对于 SCM420HZ 钢，将氧浓度降到 0.009‰以下、磷浓度降到 0.09‰以下时，与前述降低表面异常层的低 Si 高 Mo 钢相比，齿轮齿根弯曲疲劳寿命提高 10% ~ 17%，接触疲劳寿命提高 25%。

3. 高强度铸铁

铸铁由于其性能和成本方面的诸多优点，在汽车材料中仍然占有一席之地。铸铁材料的进步更使之在汽车上的应用出现了新亮点。

（1）球墨铸铁

铁素体球墨铸铁拉伸强度可达 500MPa，韧性也较高，因此多用于底盘零件，有的车型甚至用作转向节等保安件。

珠光体球墨铸铁强度更高，在一些零件上可代替锻钢件。带平衡块的 4 缸轿车发动机曲轴采用球墨铸铁加圆角滚压强化，已成为美、德、法等国汽车厂家的标准工艺。因球铁的密度比钢约小 10%，所以以球铁代钢可以产生一定的轻量化效果。

奥贝球铁具有很高的强度和韧塑性，按美国和德国标准制造的奥贝球铁牌号，其最高强度级别达到 1 400MPa，超过了调质钢和渗碳钢的强度水平。可以用 ADI 代替钢制造汽车轮毂、全轮驱动双连杆、转向节臂、发动机正时齿轮、曲轴和连杆等。经实物测量，代替锻钢制造曲轴可以降重 10%，代替铝合金制造载货车轮毂每只可降重 0.5kg。

（2）蠕墨铸铁

蠕墨铸铁又称紧密石墨铸铁，其机械－物理性能和铸造工艺性能介于灰铸铁和球墨铸铁之间，很适合制造强度要求较高和要承受热循环负荷的零件，如汽缸体、汽缸盖、排气歧管和制动鼓等。

蠕墨铸铁的发现与球铁同时，但由于蠕化工艺控制难度较大而应用受到限制，Sinter Cast 工艺控制系统为蠕铁的应用开辟了广阔的前景。蠕铁汽缸体比灰铸铁汽缸体降重 16%，而结构刚度则提高 12% ~ 25%。采用蠕铁制造汽缸体还可改善摩擦磨损性能、降低震动和噪声、改善排放。

4. 粉末冶金材料

粉末冶金材料成分自由度大和粉末烧结工艺的近净形特点，使其在汽车上的应用有增加的趋势，特别是铁基粉末烧结材料在要求较高强度的复杂结构件上的应用越来越多。

组装式粉末冶金空心凸轮轴是近年来的新产品，它是由铁基粉末冶金材料制成凸轮，然后用烧结或机械的办法固定在空心钢管上组成。与常规的锻钢件或铸铁件相比，可降重 25% ~ 30%。此种凸轮轴已在高速汽油机上使用，随着柴油机凸轮轴服役工况的日益苛刻，粉末冶金空心凸轮轴有推向柴油机的趋势。

粉末锻造连杆已经成功应用，近年开发的一次烧结粉末冶金连杆技术的生产成本较低，可实现 11% 的轻量化。

五、塑料应用

塑料在汽车行业的应用前景同样看好。目前世界上不少轿车的塑料用量已经超过 120 千克 / 辆，个别车型还要高，德国奔驰高级轿车的塑料使用量已经达到 150 千克 / 辆。国内一些轿车的塑料用量也已经达到 90 千克 / 辆。可以预见，随着汽车轻量化进程的加速，塑料在汽车中的应用将更加广泛。汽车轻量化使塑料作为原材料在汽车零部件领域被广泛采用，从内装件到外装件以及结构件，塑料制件的身影随处可见。目前，发达国家已将汽车用塑料量的多少，作为衡量汽车设计和制造水平的一个重要标志。

汽车轻量化“相中”塑料，使汽车工业的发展与塑料工业的发展密不可分。近年来汽车轻量化成为降低汽车排放、提高燃烧效率的有效措施，也是汽车材料发展的主要方向，它使塑料在汽车中的用量迅速上升。

据统计显示，汽车一般部件重量每减轻 1%，可节油 1%；运动部件每减轻 1%，可节油 2%。国外汽车自身质量同过去相比，已减轻 20% ~ 26%。预计在未来的 10 年内，轿车自身的重量还将继续减轻 20%。而塑料等轻量化材料的开发与应用，在汽车的轻量化过程中发挥着重大作用。

汽车材料应用塑料的最大优势是减轻车体的重量。一般塑料的比重在 0.9 ~ 1.5，纤维增强复合材料的比重也不会超过 2.0，而金属材料的比重，A3 钢为 7.6，黄铜为 8.4，铝为 2.7。这就使得塑料材料成为汽车轻量化的首选用材。从现代汽车使用的材料看，无论是外装饰件、内装饰件，还是功能与结构件，到处都可以看到塑料制件的影子。外装饰件的应用特点是“以塑代钢”，减轻汽车自重，主要部件有保险杠、挡泥板、车轮罩、导流板等；内装饰件的主要部件有仪表板、车门内板、副仪表板、杂物箱盖、座椅、后护板等；功能与结构件主要有油箱、散热器水室、空气过滤器罩、风扇叶片等。

汽车轻量化使包括聚丙烯、聚氨酯、聚氯乙烯、热固性复合材料、ABS、尼龙和聚乙烯等在内的塑材市场得以迅速扩大。近两年，车用塑料的最大品种——聚丙烯，每年以 2.2% ~ 2.8% 的速度增长。预计到 2020 年，发达国家汽车平均用塑料量将达到 500 千克 / 辆以上。

目前国外汽车的内饰件已基本实现塑料化，塑料在汽车中的应用范围正在由内装件向外装件、车身和结构件扩展。今后的重点发展方向是开发结构件、外装件用的增强塑料复合材料、高性能树脂材料与塑料，并对材料的可回收性予以高度关注。据统计显示，全世界平均每辆汽车的塑料用量在 2000 年就已达 105kg，占汽车总重量的 8% ~ 12%。而发达国家汽车的单车塑料平均使用量为 120kg，占汽车总重量的 12% ~ 20%。如奥迪 A2 型轿车，塑料件总重量已达 220kg，占总用材的 24.6%。目前，发达国家车用塑料已占塑料总消耗量的 7% ~ 8%，预计不久将达到 10% ~ 11%。

对于中国来说，塑料在汽车行业的应用尚处于初级阶段。目前，塑料等非金属材料在国产车上的应用状况还比不上进口车。在欧洲，车用塑料的重量占汽车自重的 20%，平均每辆德国车使用塑料近 300kg，占汽车总重量的 22%。与国外相比，国产车的非金属材料用量仍然偏少。国产车的单车塑料平均使用量为 78kg，塑料用量仅占汽车自重的 5% ~ 10%。

六、发动机机体的轻量化技术

为了减少燃油消耗和降低二氧化碳排放，汽车的轻量化已经成为众所关注的焦点之一。研究表明，汽车整备质量 . 每减少 100 kg，百公里油耗可降低 0.3 ~ 0.6L。此外，汽车轻量化还可以提高汽车动力性，节省材料，降低成本。有人预计，到 2010 年汽车整备质量平均将减轻 17%，即 250 kg；轿车整备质量将从目前的平均 1 300 kg 左右降至 1 000 kg。

发动机的轻量化，除了上述目的以外，还涉及整车的质量分布（汽车行驶动力学）。将汽油机改换成柴油机时，往往会使发动机变重（坚固的结构、涡轮增压器、增压空气冷却器、喷油装置等），导致前桥轴荷增加，使得整车的均衡性受到破坏。所以，轿车发动机的轻量化已经成为整车开发中一个不可忽视的问题。

发动机轻量化的途径，首先是提高升功率，以降低发动机单位功率的质量。最先进的功率密度指标已逼近 1kg/kW。以轿车柴油机为例，如果 20 世纪 90 年代初升功率还只是在 20 ~ 30 kW/L 徘徊，那么从 20 世纪末开始，其上升趋势可谓突飞猛进。如今，柴油机最大爆发压力已经达到 20MPa，升功率达到 60 kW/L。

1. 铝合金机体铸造工艺的讨论

铝合金机体的铸造工艺从原理上可以分成多次使用的铸型（金属型）和一次使用的铸型（砂型）。砂芯的制造方法也有所不同。当今在大批量生产中最为常用的是砂型重力铸造和压铸。砂型重力铸造在成型方面提供了最大的自由度，可以采用封闭的汽缸盖连接面（闭式顶板）。如果生产件数较高（年产 20 万件以上），那么压铸是一种经济的解决方案。压铸能以很短的节拍、精细的表面质量和精确的尺寸实现铸件薄壁结构。然而，由于熔融金属充型压力很高不能使用砂芯，水套通常必须往上敞开（开式顶板）。这意味着汽缸筒缺乏径向的支撑。但是，即使如此也未必会导致汽缸筒严重变形。现在，甚至直喷式柴油机都可以做成开式顶板结构。此外，压铸快速的充型过程易导致气泡的生成，以致无法通过热时效硬化改善力学性能。这个缺点可以利用挤压铸造加以避免，因为这种工艺采用的压力较低，使得充型过程明显减缓，有可能进行补缩。此外，压铸对于水套的长度有着间接的影响。由于汽缸直径、拉杆螺栓的位置、密封法兰最小宽度以及必需的通常为 0.5° 的起模斜度等因素，实际制成的压铸机体的水套通常至多只能覆盖活塞行程的 70%。这会降低通过活塞环的热流量，提高机油的热负荷。在机体结构方面，压铸有一些局限性。不过这些均可通过技术手段加以控制。机体是否采用压铸的工艺，首先还是取决于生产批量。

对于高负荷发动机来说，选择砂型铸造更能通过合适的造型工艺、合金优化和热处理来生产可靠、耐久的发动机机体。从零件成本看，充分利用砂型铸造在成型方面较大的自由度，还可以将各种功能整合到汽缸体中去，在总体上减轻质量，提高经济效益。

灰铸铁气缸体改用铝合金铸造，必须满足一些额外的要求，分述如下：

①确保气缸筒滑移表面耐磨，不易变形；
②满足传递力流的要求；
③控制主轴承间隙的扩大；
④铝合金较低的弹性模量对声学和振动的影响。

发动机机体通过材料和结构实现轻量化的途径：

①针对气缸筒滑移表面的措施；
②确保力流传递和控制主轴承间隙的措施；
③确保结构动态特性的措施。

性价比分析：

对分别采用灰铸铁、蠕墨铸铁、铝合金制造的2.0L 4缸发动机进行性价比分析，按照年产40万件计算，则采用蠕墨铸铁时，成本提高38%，毛坯成本和机加工成本以相同的程度提高；采用铝合金机体时，成本提高62%，主要是材料价格较高。铝合金在机加工方面的成本优点由于多种混合加工而被大大削弱了。

性价比分析表明，铝合金结构具有较大的潜力。只有当总体布置非常紧凑（气缸中心距较小）时，蠕墨铸铁所拥有的优势的材料性能才会凸显出来。

任务三　汽车电动化

电动汽车分为纯电动汽车和混合动力电动汽车两大类。其中纯电动汽车根据产生（获得）电能方式的不同，又可以分为蓄电池电动汽车、燃料电池电动汽车、太阳能电动汽车等。

一、蓄电池电动汽车

蓄电池电动汽车的关键是电池，要想在较大范围内应用这种纯电动汽车，就要依靠先进的蓄电池。目前普遍看好的是镍氢电池、锂离子和锂聚合物电池。镍氢电池单位重量储存能量比铅酸电池多 1 倍，其他性能也都优于铅酸电池，但是价格是铅酸电池的 4 ~ 5 倍。锂材料较丰富，价格合理。电动汽车其他有关的技术也取得了巨大的进步，如交流感应电机及控制、稀土永磁无刷电机及控制、电池和整车能量管理系统、智能及快速充电技术等，这些技术的进步使电动汽车日臻完善并走向实用化（图 7–16）。

图 7–16 Tesla Model S 纯电动汽车

蓄电池电动汽车的主要问题是电池的寿命短，使用成本高，电池的储能量小，一次充电后行驶里程不理想，电动车的价格较贵等。但蓄电池电动汽车仍是目前成本最低的一种电动汽车，在短距离、固定线路运输领域已得到广泛应用。

二、燃料电池电动汽车

燃料电池是把燃料中的化学能直接转化为电能的能量转化装置，它从外表上看有正负极和电解质等，像一个蓄电池，但实质上它不能“储电”而是一个“发电厂”，如图 7–17 所示。

图 7–17 奔驰燃料电池汽车 F–CELL

燃料电池的工作原理：

燃料电池的工作原理：将氢气送到阴极，经过催化剂的作用，氢原子中两个电子被分离出来；这两个电子在阳极的吸引下，经外部电路产生电流，失去电子的氢离子（质子）可穿过质子交换膜（PEM，即固体电解质），在阳极与氧原子和电子重新结合为水。由于氧可以从空气中获得，只要不断给阴极供应氢，并及时把水（蒸气）带走，燃料电池就可以不断地提供电能（图 7–18）。

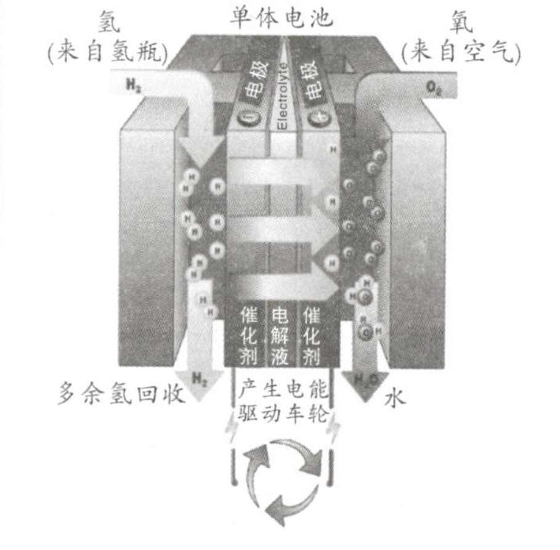

图 7–18 质子膜燃料电池工作原理

燃料电池的优点：

①能量转化效率高。燃料电池的能时转换效率可高达 60% ~ 80%，为内燃机的 2 ~ 3 倍。

②不污染环境。燃料电池的燃料是氢和氧，生成物是清洁的水，它本身工作不产生 CO 和 CO_2，也没有硫和微粒排出，没有高温反应，也不产生 NO_X。如果使用车载的甲醇重整催化器供给氢气，仅会产生微量的 CO 和 CO_2。

③寿命长。燃料电池本身工作没有噪声，没有运动性，没有振动，其电极仅作为化学反应的场所和导电的通道，本身不参与化学反应，没有损耗，寿命长。

目前，燃料电池在汽车上的应用已取得重大进展。但要大面积商业运行，还必须解决燃料电池汽车的成本、可靠性、加氢基础设施建设以及氢气的来源等问题。

三、太阳能电动汽车

太阳能电动汽车（图 7–19）是当今最清洁、最有发展前景的绿色环保汽车，通过太阳能电池板将太阳的光能转化为电能后，输出直流电存入蓄电池中，再通过高能蓄电池中的直流电转换成交流电，驱动永磁电机旋转从而带动汽车行驶。

图 7–19 以太阳能发电为动力的概念汽车

太阳能电动汽车是用车载蓄电池作为动力源的汽车，作为一种新型的绿色交通工具，它具有零排放、低噪声、能源补充来源广等优点。但因当前太阳能电池板的转换效率太低，目前只能用于短途或者行车速度比较低的场合。此外，太阳能汽车的动力供应还受天气的影响。

四、混合动力电动汽车

混合动力电动汽车是指车上装有两个以上动力源（包括电机驱动），符合汽车道路交通、安全法规的汽车。车载动力源有蓄电池、燃料电池、太阳能电池和内燃机等。目前所说的混合动力电动汽车，一般是指内燃机混合蓄电池电动汽车，如图 7-20 所示。

图 7-20 比亚迪“秦”油电混合动力汽车

混合动力电动汽车的优点：

①采用混合动力后可按平均需用的功率来确定内燃机的最大功率，使内燃机处于油耗低、污染少的最优工况下工作。需要大功率时，由电池来补充。负荷小时，内燃机富余的功率可发电给电池充电。由于内燃机可持续工作，电池又可以不断得到充电，故其行程和普通汽车一样。

②因为有了电池，可以十分方便地回收制动时、下坡时、怠速时的能量。

③在繁华市区，可关停内燃机，由电池单独驱动，实现零排放。

④有了内燃机可以十分方便地解决耗能大的空调、取暖、除霜等纯电动汽车遇到的难题。

⑤可以利用现有的加油站加油，不必再投资。

⑥可让电池保持良好的工作状态，不发生过充、过放，延长其使用寿命，降低成本。

任务四 智能化汽车

随着汽车工业与电子工业的不断发展，在现代汽车上，电子技术的应用越来越广泛，汽车电子化的程度也越来越高。未来汽车市场的竞争是汽车电子化的竞争。

一、瞌睡警告系统

当车辆驾驶者陷入昏昏欲睡状态时，汽车可通过瞌睡预防转向盘传感系统或犯困探测汽车座椅系统探测出这种状态，进而避免交通事故的发生。

二、防醉汉系统

为减少酒后驾车引起的交通事故，沃尔沃（Volvo）汽车公司推出了一种协助防止酒后驾车的创新性系统——禁酒闭锁系统（图 7–21）。这是一个完全集成的车内“酒精锁”（Alcolock），利用了先进的燃料电池技术。

图 7–21 沃尔沃禁酒闭锁系统

三、车距保持系统

该系统利用传感测定跟踪车辆到前车的距离信号，当两车距离小于设定距离时，系统报警，同时车辆自动减速，以免车辆发生追尾。

四、汽车“黑匣子”

汽车“黑匣子”（图 7-22），又称汽车工作信息记录仪、汽车安全信息记录仪。它有视频录像、录音、导航、电子狗、手机查车、被盗追踪、人车安全等功能；它能在发生事故时快速向绑定的手机发出求救信号，同时向服务中心报警，及时为人员和车辆提供安全急救措施。

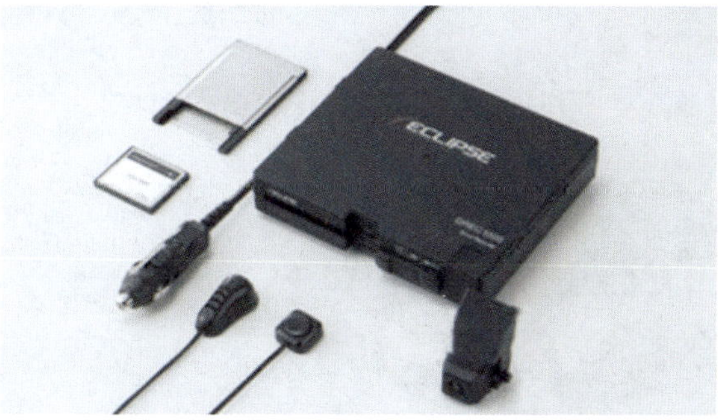

图 7-22 汽车“黑匣子”DREC1000

五、人体识别科技钥匙

德国科学家利用指纹图形的特征制成了一种汽车电子锁（图 7-23）；瑞士科学家发明了利用视网膜图纹来控制的汽车门锁；美国科学家利用人的手指长短各异制作出了用手指作为汽车钥匙的电子锁；英国科学家根据世界上没有面容长得一模一样的人这一发现，制作出了以面容做钥匙的电子锁。

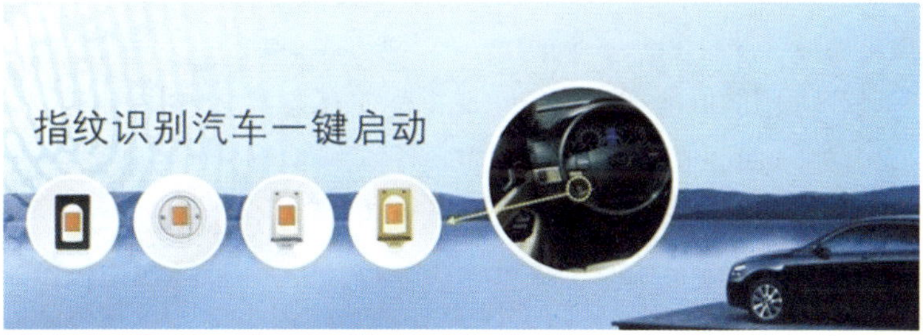

图 7-23　指纹钥匙

六、智能汽车

人们这样描绘 21 世纪的智能汽车：20 世纪汽车行驶靠汽油，21 世纪汽车行驶靠信息。未来智能汽车除汽车性能的电子控制系统外，还包括汽车综合显示系统、语言信息系统、全球定位系统（Global Positioning System，GPS）、计算机网络系统、交通管理应答系统，以及车载电话、传真等。

随着汽车的电子化和智能化的进一步发展，无人驾驶汽车、安全自查汽车、车主声音控制汽车、变形汽车、“变色龙”汽车、水陆两栖汽车、飞行汽车将走入人们的视野。

课题小结

现阶段开发和具有应用价值的代用燃料有液化石油气、天然气、生物柴油、醇类（甲醇和乙醇）、二甲醚、氢气、空气等。

汽车的轻量化就是在保证汽车的强度和安全性能的前提下，尽可能地降低汽车的整备质量，从而提高汽车的动力性，减少燃料消耗，降低排气污染。

思考与练习

一、填空题

1. 纯电动汽车根据产生（获得）电能方式的不同，可分为________、________和________等。

2. 汽车的轻量化就是在保证汽车的__________和__________的前提下，尽可能地降低汽车的__________，从而提高汽车的__________，减少__________，降低__________。

3. 新能源汽车燃料主要包括__________、__________、__________、__________、二甲醚等。

二、判断题（对的画“√”，错的画“×”）

1. 镁合金在汽车上的应用零部件可归纳为两类，一是壳体类零件，二是箱型零件。（　）

2. 轻量化材料是实现汽车轻量化的重要途径，汽车轻量化材料就是有色金属和塑料。（　）

3. 我国开发应用压缩天然气开始于 1989 年。（　）

4. 太阳能汽车使用太阳能电池把光能转化成电能储存在蓄电池中，用蓄电池来推动汽车前行。（　）

5. 风能电池汽车是将风能和光能转变成电能驱动汽车。（　）

三、简答题

1. 简述汽车材料轻量化的途径。

2. 具有开发和应用价值的汽车代用燃料有哪些？

3. 什么是生物柴油？

4. 利用学校图书资源和网络资源查找汽车控制电子化、智能化的其他技术。